수학 에듀테크

수학 평가 문항의 공학 검증

김대성 지음

지오북스

저자소개

김대성

신한고등학교 수학 교사
(전) 전국단위 수학평가 출제, 검토, 채점 위원
2023년 에듀테크 소프트랩 부총리 겸 교육부장관 표창

수학에듀테크
수학평가문항의 공학검증

초판발행   2024년 5월 1일

저 자   김대성
펴낸곳   지오북스
등 록   2016년 3월 7일 제395-2016-000014호
전 화   02)381-0706 / 팩스   02)371-0706
이메일   emotion-books@naver.com
홈페이지   www.geobooks.co.kr
ISBN   979-11-91346-87-9

값 19,000원

이 책은 저작권법으로 보호받는 저작물입니다.
이 책의 내용을 전부 또는 일부를 무단으로 전재하거나 복제할 수 없습니다.
파본이나 잘못된 책은 바꿔드립니다.

[이 책의 구성]

　이 책은 고등학교 수학 평가 문제를 공학적으로 검증할 수 있는 관점을 제시하는 것을 목적으로 한다. 필자는 이 책에 기재한 방법들을 활용하여 전국 단위 평가 시험과 소속교의 평가 시험에서의 수학 평가 문항의 검증에서 미처 발견하지 못한 오류를 발견한 데에 도움이 되었음을 밝힌다. 공학 검증의 대상이 모든 수학 과목, 모든 수학 단원에 해당될 수 있다는 것을 강조하기 위해 고등학교 1학년 수학을 출제 범위로 하는 고등학교 2학년 3월 전국연합학력평가 1회분과 고등학교 2·3학년 수학을 출제 범위로 하는 고등학교 3학년 대학수학능력시험 및 모의고사 각각 1회분을 검증하는 내용으로 담았다. 다소 낯선 개념의 공학 검증법 숙지를 위해 쉬운 문항도 이 책에 포함하였으며, 때로는 검증법이 수학적으로 푸는 것보다 오래 걸리거나 복잡한 경우도 있을 수 있다. 하지만 이런 과정이 향후 어렵고 복잡한 문항의 검증을 위한 밑거름이 될 것이므로 이 책에 함께 담아냈다.

　이 책에 실린 문항의 그림 또는 그래프는 모두 이 책에 실린 방법대로 그린 지오지브라 그림으로 제작되었다. 필자는 이 책에 서술한 방법들이 문항 검증뿐만 아니라 문항 출제 아이디어 발굴에도 활용될 수 있다고 주장하는 바이다. 또한 필자의 아이디어로는 검증할 수 없었던 문항도 있었음을 밝힌다. 필자가 제시하는 방법은 하나의 예시로 간주하여 독자들의 연구를 통해 더 좋은 검증법이 개발되기를 희망한다.

차례

시작 전 이해해야 하는 지오지브라의 간단한 사용법 / 1
시작 전 이해해야 하는 파이썬의 작동 원리와 간단한 사용법 / 8
시작 전 이해해야 하는 작동 오류 대처 방법 / 19

[2023학년도 고2 3월 학평 1번]	21	[2023학년도 고2 3월 학평 28번]	55
[2023학년도 고2 3월 학평 3번]	22	[2023학년도 고2 3월 학평 29번]	56
[2023학년도 고2 3월 학평 4번]	23	[2023학년도 고2 3월 학평 30번]	58
[2023학년도 고2 3월 학평 5번]	24	[2024학년도 9모평 1번]	61
[2023학년도 고2 3월 학평 6번]	25	[2024학년도 9모평 2번]	62
[2023학년도 고2 3월 학평 7번]	26	[2024학년도 9모평 3번]	63
[2023학년도 고2 3월 학평 8번]	27	[2024학년도 9모평 5번]	64
[2023학년도 고2 3월 학평 9번]	28	[2024학년도 9모평 6번]	65
[2023학년도 고2 3월 학평 10번]	30	[2024학년도 9모평 7번]	66
[2023학년도 고2 3월 학평 11번]	31	[2024학년도 9모평 8번]	67
[2023학년도 고2 3월 학평 12번]	32	[2024학년도 9모평 9번]	68
[2023학년도 고2 3월 학평 13번]	34	[2024학년도 9모평 10번]	69
[2023학년도 고2 3월 학평 14번]	35	[2024학년도 9모평 11번]	70
[2023학년도 고2 3월 학평 15번]	36	[2024학년도 9모평 12번]	71
[2023학년도 고2 3월 학평 16번]	38	[2024학년도 9모평 14번]	72
[2023학년도 고2 3월 학평 17번]	39	[2024학년도 9모평 15번]	74
[2023학년도 고2 3월 학평 18번]	40	[2024학년도 9모평 16번]	77
[2023학년도 고2 3월 학평 19번]	41	[2024학년도 9모평 17번]	78
[2023학년도 고2 3월 학평 20번]	43	[2024학년도 9모평 18번]	79
[2023학년도 고2 3월 학평 21번]	45	[2024학년도 9모평 19번]	80
[2023학년도 고2 3월 학평 22번]	47	[2024학년도 9모평 20번]	81
[2023학년도 고2 3월 학평 23번]	48	[2024학년도 9모평 21번]	85
[2023학년도 고2 3월 학평 24번]	49	[2024학년도 9모평 22번]	86
[2023학년도 고2 3월 학평 25번]	50	[2024학년도 9모평 확률과통계26번]	90
[2023학년도 고2 3월 학평 26번]	51	[2024학년도 9모평 확률과통계27번]	91
[2023학년도 고2 3월 학평 27번]	53	[2024학년도 9모평 확률과통계28번]	92

[2024학년도 9모평 확률과통계29번]	94	[2024학년도 수능 15번]	139
[2024학년도 9모평 확률과통계30번]	95	[2024학년도 수능 16번]	140
[2024학년도 9모평 미적분23번]	96	[2024학년도 수능 17번]	141
[2024학년도 9모평 미적분24번]	98	[2024학년도 수능 18번]	142
[2024학년도 9모평 미적분25번]	99	[2024학년도 수능 19번]	143
[2024학년도 9모평 미적분26번]	100	[2024학년도 수능 20번]	144
[2024학년도 9모평 미적분27번]	102	[2024학년도 수능 21번]	146
[2024학년도 9모평 미적분29번]	103	[2024학년도 수능 22번]	147
[2024학년도 9모평 미적분30번]	104	[2024학년도 수능 확률과통계23번]	149
[2024학년도 9모평 기하23번]	108	[2024학년도 수능 확률과통계24번]	150
[2024학년도 9모평 기하24번]	109	[2024학년도 수능 확률과통계25번]	151
[2024학년도 9모평 기하26번]	110	[2024학년도 수능 확률과통계26번]	152
[2024학년도 9모평 기하27번]	112	[2024학년도 수능 확률과통계28번]	153
[2024학년도 9모평 기하28번]	113	[2024학년도 수능 확률과통계29번]	155
[2024학년도 9모평 기하29번]	115	[2024학년도 수능 확률과통계30번]	156
[2024학년도 9모평 기하30번]	118	[2024학년도 수능 미적분23번]	157
[2024학년도 수능 1번]	120	[2024학년도 수능 미적분24번]	159
[2024학년도 수능 2번]	121	[2024학년도 수능 미적분26번]	160
[2024학년도 수능 3번]	122	[2024학년도 수능 미적분28번]	161
[2024학년도 수능 4번]	123	[2024학년도 수능 미적분29번]	163
[2024학년도 수능 5번]	124	[2024학년도 수능 미적분30번]	164
[2024학년도 수능 6번]	125	[2024학년도 수능 기하23번]	166
[2024학년도 수능 7번]	126	[2024학년도 수능 기하24번]	167
[2024학년도 수능 8번]	127	[2024학년도 수능 기하25번]	169
[2024학년도 수능 9번]	128	[2024학년도 수능 기하26번]	171
[2024학년도 수능 10번]	129	[2024학년도 수능 기하27번]	173
[2024학년도 수능 11번]	131	[2024학년도 수능 기하28번]	175
[2024학년도 수능 12번]	132	[2024학년도 수능 기하29번]	178
[2024학년도 수능 13번]	133	[2024학년도 수능 기하30번]	181
[2024학년도 수능 14번]	136		

[시작 전 이해해야 하는 지오지브라의 간단한 사용법]

■ 지오지브라5 vs 지오지브라6

지오지브라 홈페이지(http://geogebra.org)를 방문하여 [지오지브라 앱 다운로드]로 가면 다음 화면과 같이 여러 종류의 프로그램을 받을 수 있다. 이 중 필자는 지오지브라 클래식 5를 추천하는 바이다. 최신 버전인 지오지브라 클래식 6은 모바일 기기나 클라우드에 적합하게 만들어진 장점에도 불구하고, 자료를 저장 후 나중에 다시 열었을 때 원래의 형태가 유지되지 않는다는 큰 단점을 지니고 있다. 반면 구버전처럼 보이는 지오지브라 클래식 5는 만들었을 때의 조건이 대부분 유지되기에 지오지브라 클래식 5 버전 사용을 강력히 권하는 바이다.

■ 사람의 연산기호 vs 컴퓨터의 연산기호

사람이 사용하는 수학 연산기호와 컴퓨터가 사용하는 연산기호에는 차이점이 있으니 컴퓨터에 연산을 입력할 때는 반드시 컴퓨터의 연산기호로 입력해야 한다.

연산 종류	수학 연산기호	컴퓨터 연산기호
a 더하기 b	$a+b$	$a+b$
a 빼기 b	$a-b$	$a-b$
a 곱하기 b	$a \times b$	$a * b$
a 나누기 b	$a \div b$	a / b
a의 b제곱	a^b	$a \wedge b$
a를 b로 나눈 나머지	$a=bq+r$인 $r(0<r<b)$	$a \% b$

■ 연산 순서

지오지브라도 수학에서 사용하는 연산의 순서를 따른다. 다만 숫자나 문자의 위치에 따라 연산의 순서를 컴퓨터가 잘못 인식하는 경우가 있으므로 괄호를 이용하여 정확하게 표현해야 한다. 프로그램마다 다소 차이는 있으나 일반적으로 다음의 예시를 참고하면 된다.

우선순위	연산의 종류
1	괄호
2	거듭제곱
3	곱셈, 나눗셈
4	덧셈, 뺄셈

수학식	컴퓨터가 잘못 인식할 수 있는 식	컴퓨터가 올바르게 인식할 수 있는 식
$(2x)^3$	2x^3 ($2x^3$로 인식될 수 있음)	(2x)^3
$\dfrac{1}{2x}$	1/2x ($\dfrac{1}{2}x$로 인식될 수 있음)	1 / (2x)
$\sin 3x$	sin3x ($(\sin 3)x$로 인식될 수 있음)	sin(3x)
$\dfrac{x+2}{3x+4}$	x+2/3x+4 ($x+\dfrac{2}{3}x+4$로 인식될 수 있음)	(x+2)/(3x+4)
$\sqrt{x-1}$	sqrt(x)-1 ($\sqrt{x}-1$로 인식될 수 있음)	sqrt(x-1)

■ 예약어

지오지브라에서는 점, 함수, 그래프, 식 등에 이름이 자동으로 생성되거나 사용자에 의해 지정될 수 있다. 그중 이름으로 사용할 수 없는 단어들이 존재하는데 이를 예약어라고 한다. 주로 수학적인 기호들이 이에 해당하며, 몇 가지 예시를 간단하게 소개하면 다음과 같다.

pi	원주율 π의 값으로 정의됨
log	log 함수의 이름으로 정의됨
ln	자연로그 함수의 이름으로 정의됨
exp	자연대수 e를 밑으로 하는 지수함수의 이름으로 정의됨
sin	sin 함수의 이름으로 정의됨
cos	cos 함수의 이름으로 정의됨
tan	tan 함수의 이름으로 정의됨

■ 숨겨진 메뉴

지오지브라 상단의 아이콘마다 우측 하단에 작은 역삼각형 모양이 있는데, 삼각형을 클릭하면 같은 계열의 다른 메뉴들을 선택할 수 있다.

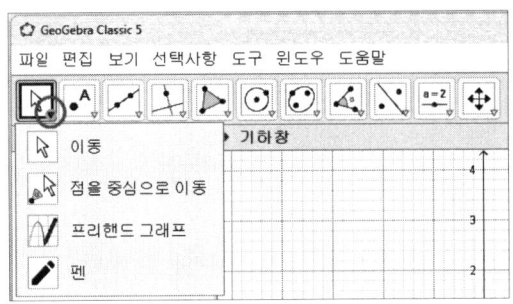

■ 이 책에서 자주 사용하는 주요 기능

지오지브라는 강력한 기능을 다양하게 담고 있다. 지오지브라를 잘 활용하기 위해서는 우리의 수학적 표현을 지오지브라에서 표현하는 방법으로 바꾸는 데에 익숙해질 필요가 있다. 지오지브라가 담고 있는 기능 중 이 책에서 자주 사용하는 기능을 간단하게 설명하면 다음과 같다.

아이콘	입력 명령어	설명
이동		선택한 대상을 이동시킬 때 사용
대상 위의 점	점(⟨대상⟩)	도형, 함수 등 특정 대상 위의 점을 작도할 때 사용
교점	교점(⟨대상⟩, ⟨대상⟩)	서로 다른 두 대상(도형, 함수 등)의 교점을 작도할 때 사용
중점 또는 중심	중점(⟨점⟩, ⟨점⟩)	두 점의 중점을 작도할 때 사용
직선	직선(⟨점⟩, ⟨점⟩)	두 점을 연결한 직선을 작도할 때 사용

	선분	선분(〈점〉, 〈점〉)	두 점을 연결한 선분을 작도할 때 사용
	벡터	벡터(〈점〉, 〈점〉)	두 점을 연결한 벡터를 작도할 때 사용
	수직선	수직선(〈점〉, 〈직선〉)	한 점에서 한 직선에 수직인 직선을 작도할 때 사용
	평행선	평행이동(〈대상〉, 〈벡터〉)	한 대상(점)에서 한 벡터(직선)에 평행인 벡터(직선)을 작도할 때 사용
	수직 이등분선	수직이등분선(〈점〉, 〈점〉)	두 점을 연결한 선분의 수직이등분선을 작도할 때 사용
	각의 이등분선	각의이등분선(〈점〉, 〈점〉, 〈점〉)	두 선분(직선)이 이루는 각의 이등분선을 작도할 때 사용 (주의: 각도가 반시계 방향으로 구성되도록 설정)
		각의이등분선(〈직선〉, 〈직선〉)	
	접선	접선(〈점〉, 〈대상〉)	특정 대상(도형, 함수 등)의 대상 위의 점에서의 접선을 작도할 때 사용
	다각형	다각형(〈점〉, ..., 〈점〉)	여러 개의 점을 연결한 다각형을 작도할 때 사용 (넓이도 자동 계산)
	중심이 있고 한 점을 지나는 원	원(〈점〉, 〈점〉)	중심점과 원이 지나는 한 점으로 원을 작도할 때 사용(반지름의 길이의 제곱도 자동계산)
	원: 중심과 반지름	원(〈점〉, 〈반지름 길이〉)	중심점과 반지름의 길이로 원을 작도할 때 사용(반지름의 길이의 제곱도 자동 계산)
	세 점을 지나는 원	원(〈점〉, 〈점〉, 〈점〉)	세 점을 지나는 원을 작도할 때 사용 (반지름의 길이의 제곱도 자동 계산)
	원호	원호(〈중점〉, 〈점〉, 〈점〉)	원의 중심점과 호 위의 두 점으로 원호를 작도할 때 사용 (주의: 각도가 반시계 방향으로 구성되도록 설정)

각	각(⟨점⟩, ⟨꼭짓점⟩, ⟨점⟩)	세 점으로 이루어진 각의 크기를 계산할 때 사용 (주의: 각도가 반시계 방향으로 구성되도록 설정)
주어진 크기의 각	회전(⟨대상⟩, ⟨각⟩, ⟨점⟩)	한 대상을 한 점에 대해 특정 각도로 회전 이동한 점을 작도할 때 사용 (주의: 각도가 반시계 방향으로 구성되도록 설정)
직선에 대하여 대칭	대칭(⟨대상⟩, ⟨직선⟩)	특정 대상의 선 대칭 도형을 작도할 때 사용
점에 대하여 대칭	대칭(⟨대상⟩, ⟨점⟩)	특정 대상의 점 대칭 도형을 작도할 때 사용
슬라이더	슬라이더(⟨최솟값⟩, ⟨최댓값⟩, ⟨증가⟩)	실수, 각도, 정수 등 값을 변화시킬 수 있는 변수를 생성할 때 사용

■ 지오지브라에서 보이는 도형을 그림 파일로 저장하는 방법

파일 〉 내보내기 〉 기하창을 그림으로 저장

위의 메뉴에서 포맷을 [PNG (png)]로 설정 후 [저장]

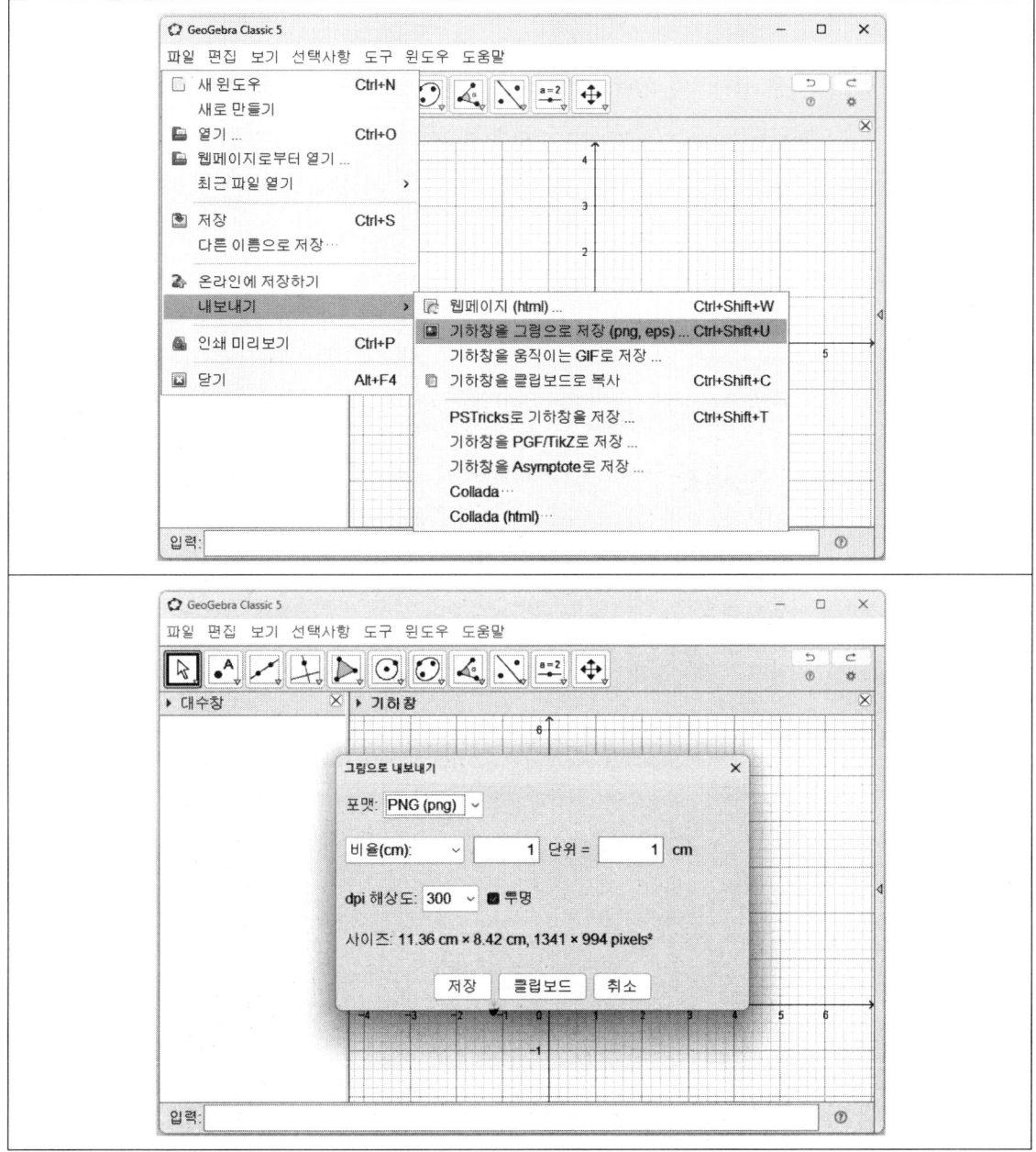

[시작 전 이해해야 하는 파이썬의 작동 원리와 간단한 사용법]

■ PC에 파이썬 구동 프로그램 설치 vs 온라인에서 사용이 가능한 구글 코랩

파이썬 프로그래밍을 하기 위해서는 MS 윈도우 OS가 설치된 PC에 파이썬을 구동시킬 수 있는 프로그램을 설치해야 한다. 다양한 라이브러리를 포함한 여러 패키지 중 가장 널리 사용되는 것이 아나콘다(https://www.anaconda.com)이다. 다운로드 사이트(https://www.anaconda.com/download)에서 1GB가 넘는 큰 용량의 프로그램을 무료로 받아 설치하면 내 PC에서도 파이썬 프로그래밍이 가능하다. (단, 주의할 점이 있다. 윈도우 로그인 시 사용하는 윈도우 계정이 반드시 영문자로만 구성되어야 아나콘다에 내장된 유용한 툴인「주피터 노트북」이라는 프로그램 사용이 가능하다.)

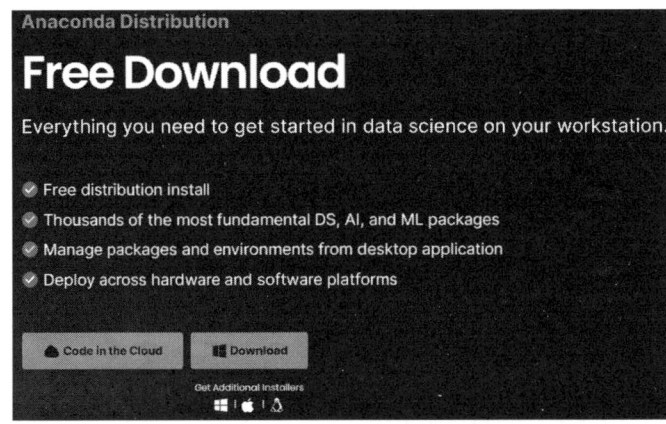

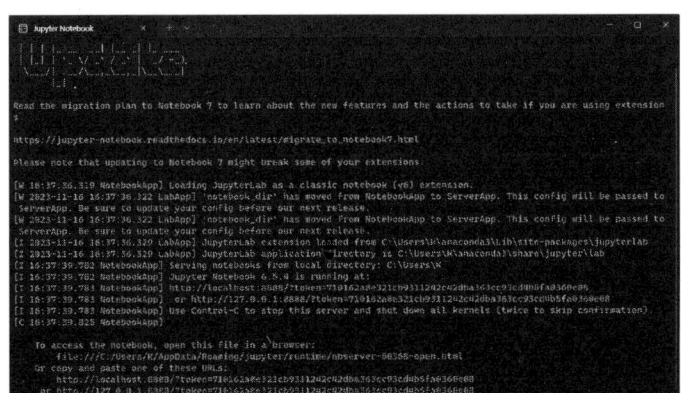

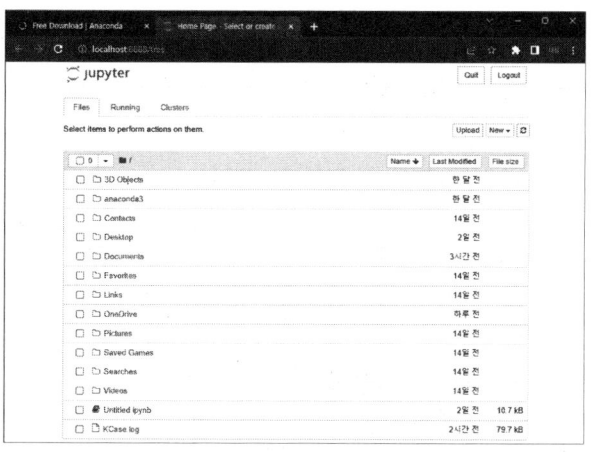

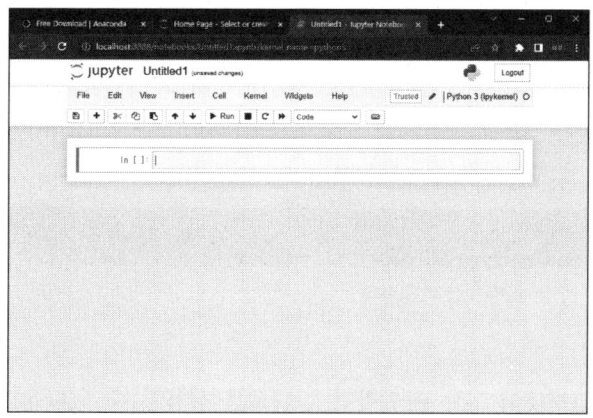

한편 구글 코랩은 구글 아이디만 있으면 온라인으로 파이썬 프로그래밍을 할 수 있는 플랫폼이다. 구글 코랩(https://colab.research.google.com/)에 접속하여 구글 계정으로 로그인 후 [+ 코드] 버튼을 클릭하면 파이썬 코드 입력 창이 생성된다. 로그인된 계정의 구글 드라이브에 Colabs Notebooks라는 폴더가 생성되어, 본인이 작성한 소스 코드는 모두 그 폴더 안에 저장된다.

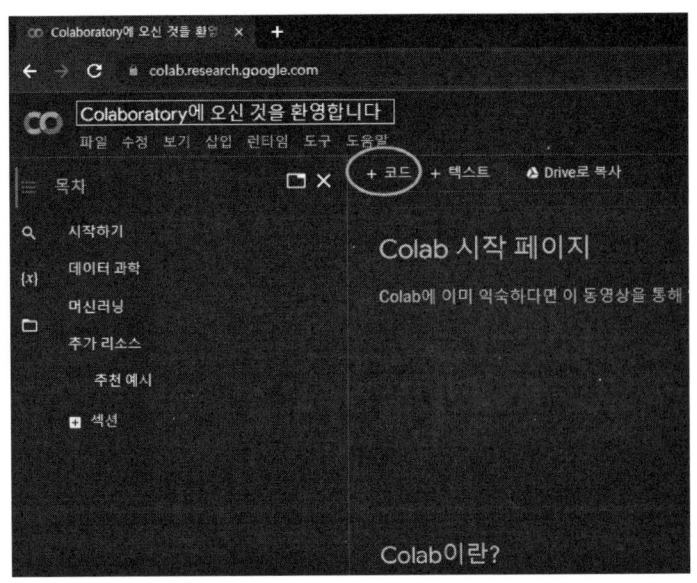

　　구글 코랩은 인터넷이 되는 곳이라면 어디서든 사용할 수 있다는 큰 장점이 있으나, 반면 가끔 원인을 알 수 없는 오류가 뜬다는 단점도 있다. 구글의 하드웨어를 전 세계 이용자들이 동시에 접속해서 자원을 나누어 사용하기에 발생할 수 있는 구조적인 문제점이 있기 때문이다. 그럼에도 가정에서 학교에서 직장에서 사용하는 컴퓨터가 서로 다른 경우가 많기에 기본적인 문법을 익히는 데에 집중하고 싶은 입문자에게는 구글 코랩을 추천하는 바이다. 구글 코랩은 PC 외에도 스마트 기기에서도 사용할 수 있기 때문이다. (이 책에 실린 모든 코드는 주피터 노트북과 구글 코랩 모두에서 정상 작동하는 것이 확인된 코드이다.)

■ 변수

　　　파이썬을 비롯한 모든 코딩 프로그램에서는 변수라는 개념을 사용한다. 코딩에서의 변수는 데이터가 저장되는 공간이다. 가령

```
a = 2
```

라고 명령어를 입력하면 변수 a라는 기억장소에 숫자 2가 저장된다. a라는 기억장소의 숫자를 바꾸려면 명령어를 재차 입력하면 된다. 가령

```
a = 2
a = 3
```

이라고 명령어를 입력하면 변수 a에는 2가 저장되었다가 2가 지워지고 다시 3이 저장된다.

a
2

→

a
3

　　　이러한 기억장소를 코딩에서는 변수라 부른다. 연산 과정에서 변수는 자기 자신에 들어 있는 자료를 이용할 수도 있다. 가령

```
a = 2
a = a + 3
```

이라고 명령어를 입력하면 변수 a에는 2가 저장되었다가 지워지고 다시 2+3의 값인 5가 저장된다.

a
2

→

a
5

시작 전 이해해야 하는 파이썬의 작동 원리와 간단한 사용법

파이썬에서는 변수 자신의 값에 일정한 값을 더하거나 빼거나 곱하거나 나누는 경우의 명령어를 축약어로 사용할 수 있다.

의미	코딩의 일반적인 표현	파이썬에서 가능한 표현
a의 값에 3을 더한 값을 다시 a에 입력	a = a + 3	a += 3
a의 값에 3을 뺀 값을 다시 a에 입력	a = a - 3	a -= 3
a의 값에 3을 곱한 값을 다시 a에 입력	a = a * 3	a *= 3
a의 값에 3을 나눈 값을 다시 a에 입력	a = a / 3	a /= 3

일반적으로 코딩에서 변수에 데이터를 입력할 때 변수가 각각 정수형, 소수형, 문자형으로 구분되지만, 파이썬에서는 별도로 구분하지 않아도 자동으로 인식된다.

■ 예약어

파이썬에서는 변수명으로 사용할 수 없는 단어들이 존재하는데 주로 명령어가 이에 해당한다. 몇 가지 예시를 간단하게 소개하면 다음과 같다.

print	출력을 실행하는 명령어
for	조건에 따른 반복실행을 담당하는 명령어
while	조건을 만족하는 반복실행을 담당하는 명령어
if	조건문을 비교하는 명령어
int	소수점을 버린 정수로 바꾸는 명령어
round	소수점 지정 자리에서 반올림하는 명령어
def	파이썬 함수를 정의하는 명령어

■ 리스트

파이썬에서는 여러 자료를 하나의 변수에 담을 수 있는 자료형 구조로 리스트라는 것이 제공된다. 리스트를 정의하는 방법은 대괄호 기호인 [와] 기호를 사용한다. 가령

```
a = [100, 200, 300, 400, 500]
```

이라고 명령어를 입력하면 리스트 a에는 다음과 같이 자료가 입력된다. 이때 주의할 점은 리스트는 0번째 칸부터 자료가 입력된다는 점이다.

리스트 순서	0번째	1번째	2번째	3번째	4번째
코딩 과정에서의 리스트 표현법	a[0]	a[1]	a[2]	a[3]	a[4]
리스트에 입력된 값	100	200	300	400	500

파이썬을 처음 다루는 사람들이 리스트의 순서 때문에 헷갈리지 않도록 이 책의 코딩에서는 수열이나 경우의 수를 다룰 때 리스트 1번째 칸부터 사용하도록 작성하였다. 리스트에 값을 추가할 때는 리스트 변수명에 이어 . 기호와 append라는 명령어를 사용한다. 가령

```
a = [100, 200, 300, 400, 500]
a.append(100)
```

이라고 명령어를 입력하면 리스트 a에는 다음과 같이 자료가 추가된다.

리스트 순서	0번째	1번째	2번째	3번째	4번째	5번째
코딩 과정에서의 리스트 표현법	a[0]	a[1]	a[2]	a[3]	a[4]	a[5]
리스트에 입력된 값	100	200	300	400	500	100

리스트에 들어있는 값을 출력하고 싶을 때는 print(리스트 변수명) 명령어를 사용한다. 가령

```
a = [100, 200, 300, 400, 500]
print(a)
```

이라고 명령어를 입력하면 다음과 같이 출력된다.

```
[100, 200, 300, 400, 500]
```

■ 집합

파이썬에서는 자료의 순서가 정해진 리스트와는 달리 수학에서의 집합과 같은 개념으로 순서가 없는 자료형 구조인 집합이 제공된다. 수학의 집합과 마찬가지로 파이썬의 집합에서도 중복된 자료는 중복되지 않도록 구성되었다. 집합을 정의하는 방법은 변수에 set()이라는 명령어를 주거나 혹은 중괄호 기호인 { 와 } 기호를 사용한다. 가령

```
a = set()
```

라고 명령어를 입력하거나 혹은

```
a = { }
```

라고 명령어를 입력하면 집합 a가 정의된다. 집합 a에 원소를 넣는 방법은 가령

```
a = {100, 200, 300, 400, 500}
```

이라고 명령어를 입력하면 집합 a에는 각각 100, 200, 300, 400, 500이 원소로 입력되며, 자

료 사이의 순서는 존재하지 않는다.

집합에 값을 추가할 때는 집합 변수명에 이어 . 기호와 add라는 명령어를 사용한다. 가령

```
a = {100, 200, 300, 400, 500}
a.add(600)
a.add(100)
```

이라고 명령어를 입력하면 집합 a에는 각각 100, 200, 300, 400, 500, 600이 원소로 입력된다. 이때 마지막으로 추가한 원소 100은 이미 a에 존재하므로 더 추가되지는 않는다.

집합에 들어있는 값을 출력하고 싶을 때는 print(집합 변수명) 명령어를 사용한다. 가령

```
a = {100, 200, 300, 400, 500}
print(a)
```

이라고 명령어를 입력하면 다음과 같이 출력된다.

```
{100, 200, 300, 400, 500}
```

■ 반복문(for, while)과 들여쓰기

  이 책에서 사용하는 코딩 알고리즘은 주로 단순 작업의 반복이다. 파이썬에서 주로 사용하는 반복문은 for 문과 while 문이 있다. for 문은 반복의 범위나 횟수가 명확할 때 사용하며, while 문은 for 문으로 구현하기 어려운 반복문에 주로 사용한다.

  파이썬에서는 들여쓰기(첫 칸으로부터 띄어쓰기)에 큰 의미가 담겨 있다. 반복문을 실행할 때 파이썬은 들여쓰기의 칸의 수를 통해 반복할 코드의 범위를 인식한다. 특히 여러 개의 반복문을 사용할 때는 들여쓰기의 칸을 주의해서 사용해야 한다. 들여쓰기는 키보드의 Tab키를 이용하면 편리하다. 들여쓰기의 기준은 주피터 노트북은 4칸이고 구글 코랩이 2칸이라 서로 다르지만, 어느 한쪽에서 만든 코드를 다른 쪽에서 실행시켜도 정상 작동한다. 들여쓰기 칸수가 4칸인지 2칸인지보다, 함께 반복될 코드가 일정한 들여쓰기로 구성되었는가가 중요하다.

  다음의 예시를 참고하여 반복문과 들여쓰기 문법을 익히길 바란다.

코드	for i in range(0, 5) : □ □print(i)	(□ : 빈칸 한 칸을 의미)
실행 결과	0 1 2 3 4	i의 값을 0부터 4(5에서 1을 뺀 수)까지 변화시키며 i의 값을 출력하는 코드를 반복 실행

코드	for i in range(10) : □ □print("Hello")	(□ : 빈칸 한 칸을 의미)
실행 결과	Hello Hello Hello Hello Hello	Hello를 출력하는 코드를 10번 반복하여 실행

코드	a = [100, 200, 300, 400, 500] for i in a : 　□print(i)	(□ : 빈칸 한 칸을 의미) i의 값을 리스트 a의 값으로 차례차례 변화하며 print(i) 코드를 반복하여 실행
실행 결과	100 200 300 400 500	

코드	for i in range(0, 2) : 　□print(i) 　□for j in range(0, 3) : 　□　□print(i, j)	(□ : 빈칸 한 칸을 의미) i의 값이 0부터 1까지 변화할 때 j의 값이 0부터 2까지 변화하며 i의 값과 j의 값을 반복하여 출력
실행 결과	0 0 0 0 1 0 2 1 1 0 1 1 1 2	

코드	n = 0 while(n 〈 4) : 　□n += 1 　□print(n)	(□ : 빈칸 한 칸을 의미) 변수 n에 0을 입력하고, n이 4보다 작으면 코드 반복실행 반복 코드의 의미는 n의 값에 1을 누적하고, n의 값을 출력
실행 결과	1 2 3 4	

■ **주석**

완성된 코드를 읽다 보면 코드 작성 의도를 이해하기 어려울 때가 있다. 이를 위해 코드 바로 옆에 부연 설명을 할 수 있도록 구현된 기능이 주석이다. 어느 위치에서든 # 기호를 붙이게 되면 # 기호 오른쪽에 오는 모든 글자는 코드 실행에 관여되지 않으므로 코드에 대한 부연 설명을 붙여도 된다.

```
n = 0               # 변수 n에 0 입력
while( n < 4 ) :    # n이 4보다 작으면 실행
    n += 1          # n의 값에 1을 더한 값을 다시 n에 입력
    print(n)        # n의 값 출력
```

[시작 전 이해해야 하는 작동 오류 대처 방법]

■ 오타

컴퓨터는 명령어가 정확해야 정상 작동한다. 오타가 한 글자라도 있으면 (파이썬의 경우 들여쓰기의 칸이 한 칸이라도 잘못되면) 오류가 발생한다. 따라서 책에 기재된 명령어대로 입력했음에도 오류가 발생한다면 가장 먼저 확인해야 할 것은 오타의 여부이다. (파이썬의 경우 들여쓰기도 반드시 확인해야 한다.)

■ 컴퓨터 내부 메모리에 남아있는 기존 데이터

명령어를 사용하고 지우는 과정을 반복하다 보면 코드를 작성하는 사람은 명령어나 코드를 삭제하여 메모리 안의 데이터가 초기화되었다고 생각할 수 있다. 그러나 메모리 안의 데이터는 여전히 남아있어 종종 오류가 발생하게 된다. 오류가 발생했을 때 오타를 점검하여 문제가 발견되지 않았다면 다음으로 할 것은 초기화이다. 문항마다 다음의 초기화 과정을 거쳐 검증할 것을 권장한다.

지오지브라의 초기화는 간단하다. 지오지브라 프로그램 창을 모두 닫고 새로 실행하는 것이다. 필자도 책을 만드는 동안 명령어에는 문제가 없으나 작동 오류가 발생하는 경우를 발견하여 이 방법으로 해결한 경험이 여러 번 있다.

프로그래밍 언어인 파이썬의 경우 이런 경우가 훨씬 빈번하기에 프로그램을 종료하지 않고도 데이터 초기화 방법을 제공한다. 구글 코랩의 경우 상단 메뉴 중 [런타임]에서 [세션 다시 시작]을 클릭하면 작성 코드는 그대로 유지하면서 메모리만 초기화하여 최초 실행 때와 같은 상태로 코드를 실행할 수 있다.

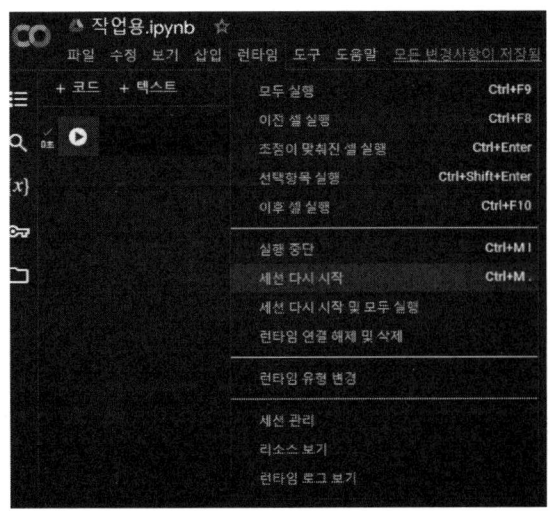

한편 주피터 노트북의 경우 상단 메뉴 중 [Kernel]에서 [Restart]를 클릭하면 작성 코드는 그대로 유지하면서 컴퓨터 메모리만 초기화하여 최초 실행 때와 같은 상태로 코드를 실행할 수 있다.

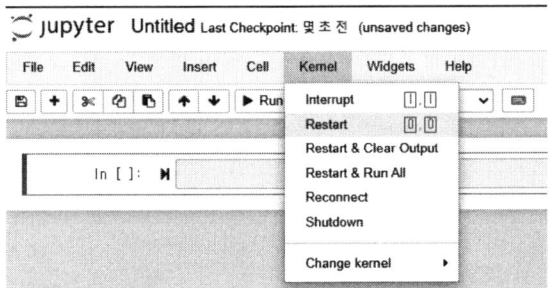

[2023학년도 고2 3월 학평 1번]

문제	두 다항식 $A = x^3 + 2x^2$, $B = 2x^3 - x^2 - 1$에 대하여 $A+B$를 간단히 하면? [2점] ① $x^3 - 3x^2 - 1$ ② $x^3 + x^2 + 1$ ③ $3x^3 + x^2 - 1$ ④ $3x^3 + x^2 + 1$ ⑤ $3x^3 + 3x^2 - 1$
정답	$3x^3 + x^2 - 1$

지오지브라 검증)

출력되는 식을 정답과 비교하여 검증

[2023학년도 고2 3월 학평 3번]

문제	$_5P_3$의 값은? [2점]
	① 20　　　② 30　　　③ 40　　　④ 50　　　⑤ 60
정답	60

파이썬 검증)

검증법 요약	$_5P_3$ 계산값 출력
코드	`import math    # 파이썬 수학 모듈 읽기` `print( math.perm(5, 3) )  #` $_5P_3$ 값 출력
출력	60

출력되는 값을 정답과 비교하여 검증

[2023학년도 고2 3월 학평 4번]

문제	수직선 위의 두 점 $A(-5)$, $B(1)$에 대하여 선분 AB를 $3:1$로 외분하는 점의 좌표는? [3점] ① 4 ② $\dfrac{9}{2}$ ③ 5 ④ $\dfrac{11}{2}$ ⑤ 6
정답	4

지오지브라 검증)

검증법 요약	두 점의 내분점 계산

	〈입력창에 넣을 수식〉	〈수식의 수학적 의미〉
입력	A = (-5, 0)	점 A 작도
	B = (1, 0)	점 B 작도
	P = (3B - A) / (3 - 1)	선분 $\overline{AB}$의 $3:1$ 외분점 P 작도
화면	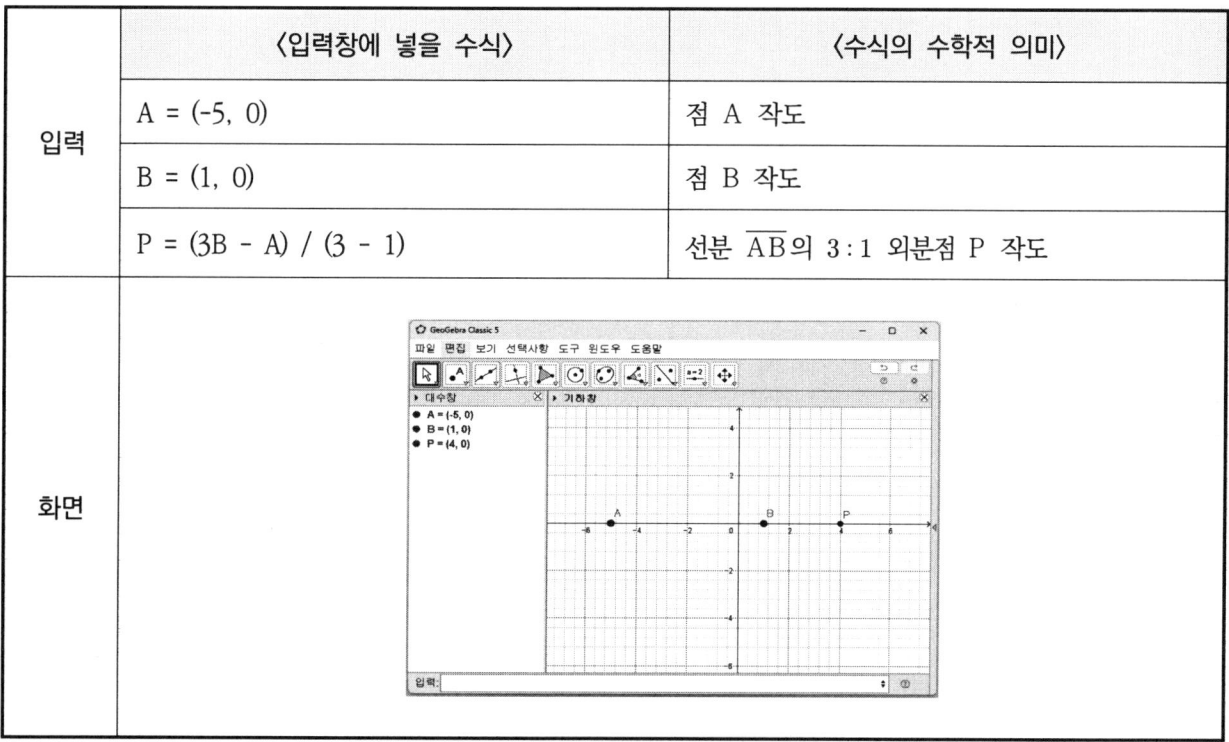	

출력되는 점 P의 x좌표의 값을 정답과 비교하여 검증

[2023학년도 고2 3월 학평 5번]

문제	$(\sqrt{2} + \sqrt{-2})^2$의 값은? (단, $i = \sqrt{-1}$) [3점] ① $-4i$ ② $-2i$ ③ 0 ④ $2i$ ⑤ $4i$
정답	$4i$

지오지브라 검증)

검증법 요약	CAS(컴퓨터 대수학 시스템)을 이용한 계산

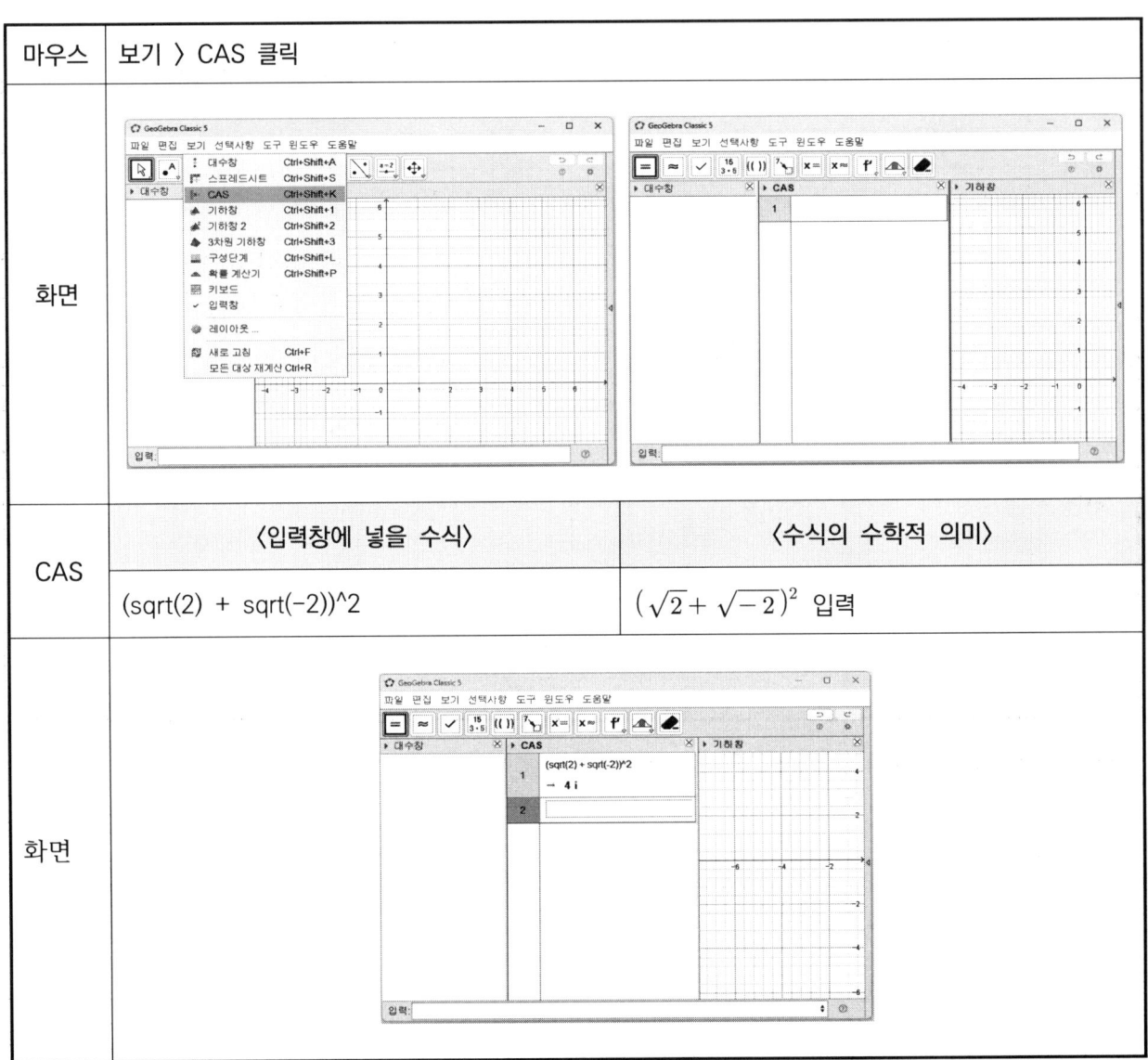

	마우스	보기 〉 CAS 클릭
	화면	
CAS	〈입력창에 넣을 수식〉	〈수식의 수학적 의미〉
	(sqrt(2) + sqrt(-2))^2	$(\sqrt{2} + \sqrt{-2})^2$ 입력
	화면	

출력되는 값을 정답과 비교하여 검증

[2023학년도 고2 3월 학평 6번]

문제	$a+b=2$, $a^3+b^3=10$일 때, ab의 값은? [3점] ① $-\dfrac{2}{3}$ ② $-\dfrac{1}{3}$ ③ 0 ④ $\dfrac{1}{3}$ ⑤ $\dfrac{2}{3}$
정답	$-\dfrac{1}{3}$

지오지브라 검증)

검증법 요약	두 방정식의 그래프를 작도하여 교점을 지나는 $xy=k$ 함수의 k 값 계산

	〈입력창에 넣을 수식〉	〈수식의 수학적 의미〉
입력	eq1: x + y = 2	방정식 $eq1 : x+y=2$ 작도
	eq2: x^3 + y^3 = 10	방정식 $eq2 : x^3+y^3=10$ 작도
	P = 교점(eq1, eq2)	두 방정식 eq1, eq2의 그래프의 교점 작도
	k = 슬라이더(-10, 10, 0.01)	$-10 \leq k \leq 10$인 k 정의
	eq3: x * y = k	방정식 $eq3 : xy=k$ 작도
	ans2 = -1/3	ans2에 $-\dfrac{1}{3}$ 계산값 입력
마우스	곡선 $eq3$이 두 점 P_1, P_2를 지나도록 k의 값 조절	
화면	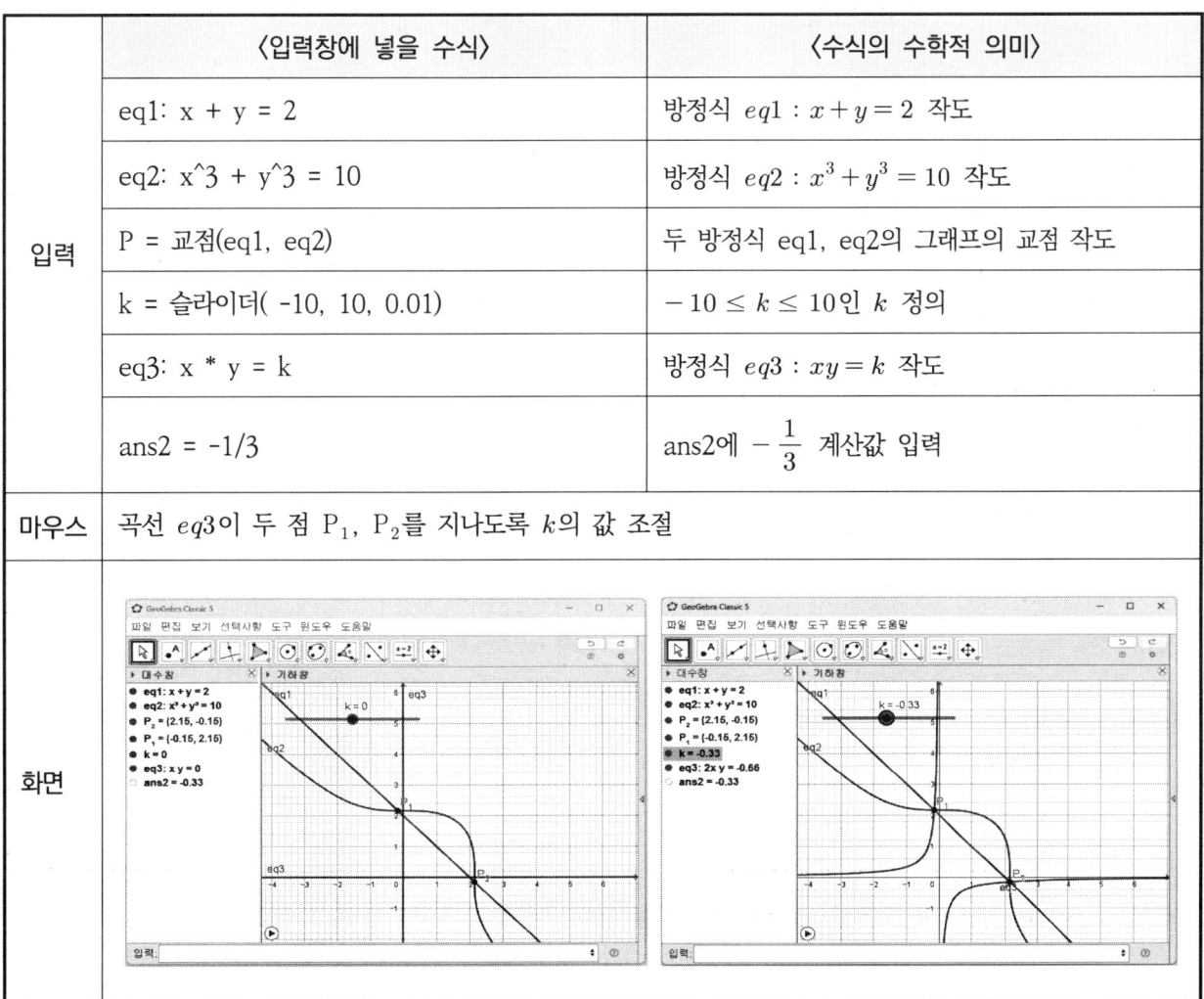	

곡선 eq3이 두 점 P_1, P_2를 지날 때 k의 값을 ans2의 값과 비교하여 검증

[2023학년도 고2 3월 학평 7번]

문제	점 $(6, a)$를 지나고 직선 $3x+2y-1=0$에 수직인 직선이 원점을 지날 때, a의 값은? [3점] ① 3　　② $\dfrac{7}{2}$　　③ 4　　④ $\dfrac{9}{2}$　　⑤ 5
정답	4

지오지브라 검증)

검증법 요약	조건을 만족하는 도형을 작도하여 a의 값 찾기

	〈입력창에 넣을 수식〉	〈수식의 수학적 의미〉
입력	a = 슬라이더(-10, 10, 0.01)	$-10 \le a \le 10$인 a 정의
	P = (6, a)	점 P$(6, a)$ 작도
	f: 3x + 2y - 1 = 0	직선 $f : 3x+2y-1=0$ 작도
	g: 수직선(P, f)	점 P를 지나고 직선 f에 수직인 직선 g 작도
	k = g(0)	$k = g(0)$ 계산값 입력
마우스	k의 값이 0이 되도록 a의 값 조절	
화면	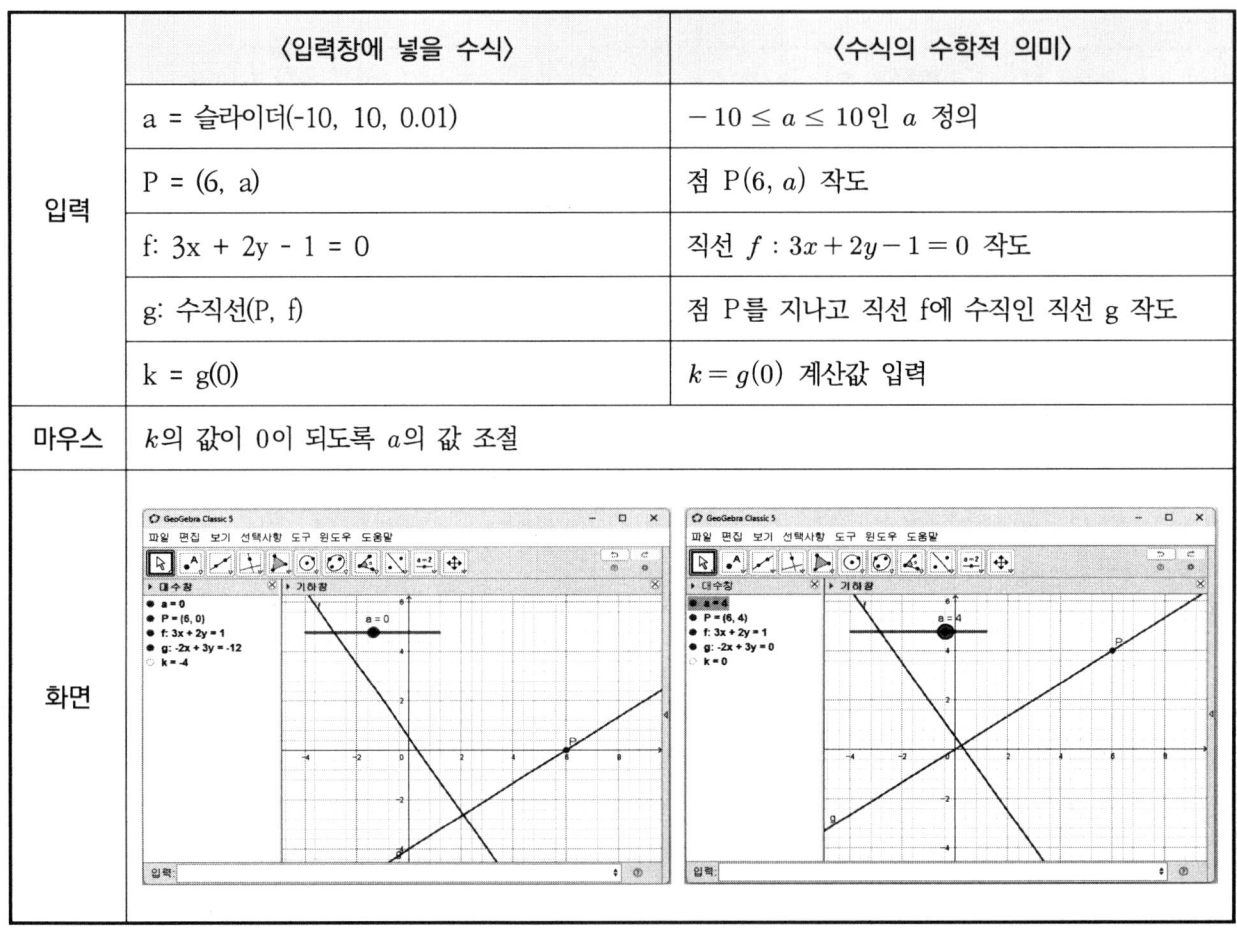	

k의 값이 0이 되게 하는 a의 값을 정답과 비교하여 검증

[2023학년도 고2 3월 학평 8번]

문제	이차함수 $y = x^2 + ax + a^2$의 그래프가 직선 $y = -x$에 접하도록 하는 양수 a의 값은? [3점] ① $\dfrac{2}{3}$ ② 1 ③ $\dfrac{4}{3}$ ④ $\dfrac{5}{3}$ ⑤ 2
정답	1

지오지브라 검증)

검증법 요약	조건을 만족하는 도형을 작도하여 a의 값 찾기

	⟨입력창에 넣을 수식⟩	⟨수식의 수학적 의미⟩
입력	a = 슬라이더(0, 10, 0.01)	$0 \leq a \leq 10$인 a 정의
	f: y = x^2 + ax + a^2	곡선 $f : y = x^2 + ax + a^2$ 작도
	g: y = -x	직선 $g : y = -x$ 작도
마우스	함수 f가 함수 g에 접하도록 a의 값 조절	
화면		

출력되는 ans의 값을 정답과 비교하여 검증

[2023학년도 고2 3월 학평 9번]

문제	원 $x^2 + y^2 = r^2$ 위의 점 $(a, 4\sqrt{3})$에서의 접선의 방정식이 $x - \sqrt{3}y + b = 0$일 때, $a + b + r$의 값은? (단, r은 양수이고, a, b는 상수이다.) [3점] ① $\dfrac{2}{3}$ ② 1 ③ $\dfrac{4}{3}$ ④ $\dfrac{5}{3}$ ⑤ 2
정답	20

지오지브라 검증)

검증법 요약	조건을 만족하는 도형을 작도하여 $a+b+r$의 값 계산

	〈입력창에 넣을 수식〉	〈수식의 수학적 의미〉
입력	r = 슬라이더(4sqrt(3), 20, 0.01)	$4\sqrt{3} \leq r \leq 20$인 r 정의
	eq1: x^2 + y^2 = r^2	원 $eq1 : x^2 + y^2 = r^2$ 작도
	eq2: y = 4sqrt(3)	직선 $eq2 : y = 4\sqrt{3}$ 작도
	P = 교점(eq1, eq2)	원 eq1과 직선 eq2의 교점 P 작도
	eq3: 접선(P, eq1)	점 P에서의 원의 접선 eq3 작도
	m = 기울기(eq3)	m에 직선 eq3의 기울기 계산값 입력
	m_1 = 1 / sqrt(3)	$m_1 = \dfrac{1}{\sqrt{3}}$ 계산값 입력
마우스	m의 값이 m_1과 같도록 r의 값 조절하여 점 $P(-4, 6.93)$과 직선 $eq3 : -12x + 6.93y = 192.05$ 확인	
화면		

	⟨입력창에 넣을 수식⟩	⟨수식의 수학적 의미⟩
입력	ans = -4 + (192.05)/12 + r	ans에 $-4 + \dfrac{192.05}{12} + r$ 계산값 입력 (점 P의 x좌표 -4와 직선 $eq3$에서의 b의 값 $\dfrac{192.05}{12}$)
화면		

출력되는 ans의 값을 정답과 비교하여 검증

[2023학년도 고2 3월 학평 10번]

문제	삼차방정식 $x^3+2x-3=0$의 한 허근을 $a+bi$라 할 때, a^2b^2의 값은? (단, a, b는 실수이고, $i=\sqrt{-1}$이다.) [3점] ① $\dfrac{11}{16}$ ② $\dfrac{3}{4}$ ③ $\dfrac{13}{16}$ ④ $\dfrac{7}{8}$ ⑤ $\dfrac{15}{16}$
정답	$\dfrac{11}{16}$

지오지브라 검증)

검증법 요약	CAS(컴퓨터 대수학 시스템)을 이용한 계산

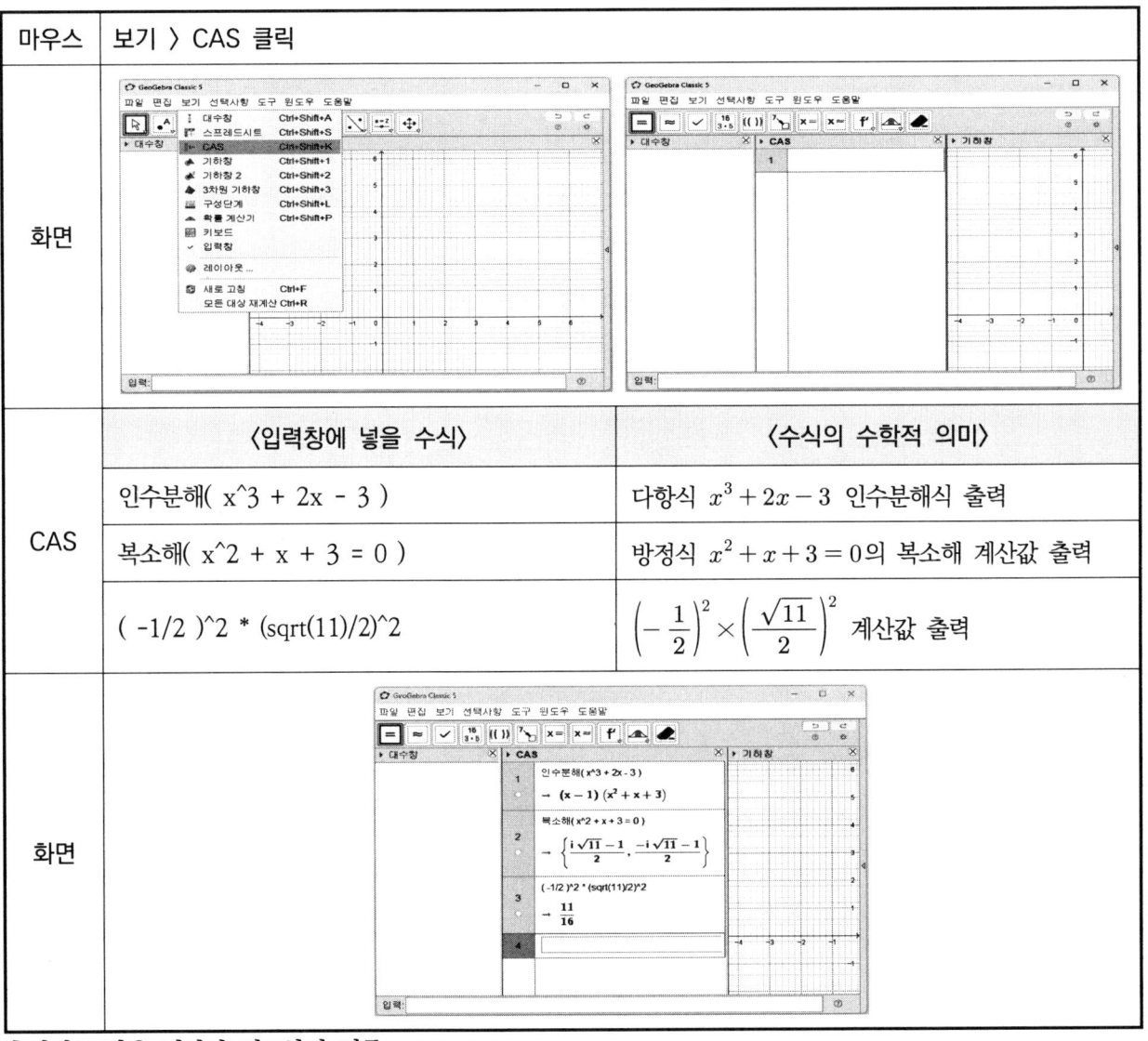

마우스	보기 〉 CAS 클릭
화면	
CAS	〈입력창에 넣을 수식〉 / 〈수식의 수학적 의미〉 인수분해(x^3 + 2x - 3) / 다항식 x^3+2x-3 인수분해식 출력 복소해(x^2 + x + 3 = 0) / 방정식 $x^2+x+3=0$의 복소해 계산값 출력 (-1/2)^2 * (sqrt(11)/2)^2 / $\left(-\dfrac{1}{2}\right)^2 \times \left(\dfrac{\sqrt{11}}{2}\right)^2$ 계산값 출력
화면	

출력되는 값을 정답과 비교하여 검증

[2023학년도 고2 3월 학평 11번]

문제	전체집합 $U = \{x \mid x$는 50 이하의 자연수$\}$의 두 부분집합 $A = \{x \mid x$는 30의 약수$\}$, $B = \{x \mid x$는 3의 배수$\}$에 대하여 $n(A^C \cup B)$의 값은? [3점] ① 40 ② 42 ③ 44 ④ 46 ⑤ 48
정답	46

파이썬 검증)

검증법 요약	집합 $A^C \cup B$를 만들어 원소의 개수 세기
| 코드 | ```python
ac = set()   # 집합 A^C의 역할을 할 집합 ac 정의
b = set()    # 집합 B의 역할을 할 집합 b 정의

for i in range(1, 51) :    # i의 값을 1부터 50까지 변화
    if (30 % i) != 0 :    # 30을 i로 나눈 나머지가 0이 아니면(i가 30의 약수가 아니면)
        ac.add(i)    # 집합 ac에 i의 값 추가
    if (i % 3) == 0 :    # i를 3으로 나눈 나머지가 0이면(i가 3의 배수이면)
        b.add(i)    # 집합 b에 i의 값 추가

u = ac.union(b)    # u에 두 집합 ac, b의 합집합 입력
print(len(u))    # 집합 u의 원소의 개수 출력
``` |
| 출력 | 46 |

출력되는 값을 정답과 비교하여 검증
```

[2023학년도 고2 3월 학평 12번]

문제	1학년 학생 2명과 2학년 학생 4명이 있다. 이 6명의 학생이 일렬로 나열된 6개의 의자에 다음 조건을 만족시키도록 모두 앉는 경우의 수는? [3점] (가) 1학년 학생끼리는 이웃하지 않는다. (나) 양 끝에 있는 의자에는 모두 2학년 학생이 앉는다. ① 96　　② 120　　③ 144　　④ 168　　⑤ 192
정답	144

파이썬 검증)

검증법 요약	조건을 만족하는 모든 경우의 수 세기

| 코드 | ```
stu = [0, 1, 1, 2, 2, 2, 2]    # 학생의 학년 정보를 담은 stu 리스트 정의
seq = [0, 0, 0, 0, 0, 0, 0]    # 한 줄로 세웠을 때를 담을 seq 리스트 정의
no = set()    # 집합 no 정의
cnt = 0    # 해당 사건의 경우의 수를 셀 변수 cnt 정의

for a in range(1, 7) :    # a의 값을 1부터 6까지 변화
  for b in range(1, 7) :    # b의 값을 1부터 6까지 변화
    for c in range(1, 7) :    # c의 값을 1부터 6까지 변화
      for d in range(1, 7) :    # d의 값을 1부터 6까지 변화
        for e in range(1, 7) :    # e의 값을 1부터 6까지 변화
          for f in range(1, 7) :    # f의 값을 1부터 6까지 변화
            no.clear()    # 집합 no 내용 삭제
            no.update([a, b, c, d, e, f])    # 집합 no에 a, b, c, d, e, f의 값 추가
            if len(no) == 6 :
              # 집합 no의 원소의 개수가 6이면(a,b,c,d,e,f가 서로 다르면)
              seq = [0, stu[a], stu[b], stu[c], stu[d], stu[e], stu[f]]
                # 리스트 seq에 0, stu[a], stu[b], stu[c], stu[d], stu[e], stu[f] 값 입력
``` |
```

	if seq[1] == 2 and seq[6] == 2 :
	# seq[1]과 seq[6]이 모두 2이면 (양 끝이 2학년이면)
	if (seq[2]+seq[3])!=2 and (seq[3]+seq[4])!=2 and (seq[4]+seq[5])!=2 : # 2,3번째 학생 학년의 합도 3,4번째 학생 학년의 합도 4,5번째 학생 학년의 합도 2가 아니면 (1학년 끼리 이웃하지 않으면)
	cnt += 1 # cnt에 1 누적
	print(cnt) # cnt 값 출력
출력	144

출력되는 값을 정답과 비교하여 검증

[2023학년도 고2 3월 학평 13번]

문제	집합 $X = \{1, 2, 3, 4, 5\}$에 대하여 X에서 X로의 세 함수 f, g, h가 다음 조건을 만족시킨다. (가) f는 항등함수이고 g는 상수함수이다. (나) 집합 X의 모든 원소 x에 대하여 $f(x) + g(x) + h(x) = 7$이다. $g(3) + h(1)$의 값은? [3점] ① 2 ② 3 ③ 4 ④ 5 ⑤ 6
정답	6

지오지브라 검증)

검증법 요약	조건을 만족하는 함수 $y = h(x)$의 그래프 개형을 그려 $h(1)$의 값 계산하기

	⟨입력창에 넣을 수식⟩	⟨수식의 수학적 의미⟩
입력	k = 슬라이더(1, 5, 1)	$1 \leq k \leq 5$인 정수 k 정의
	h: 조건(1<=x<=5, 7 - x - k)	$f(x) = x$, $g(x) = k$이므로 함수 $h(x) = 7 - x - k$ $(1 \leq x \leq 5)$ 작도
	ans = k + h(1)	ans에 $k + h(1)$ 계산값 입력
마우스	함수 h의 치역의 범위가 $1 \leq h(x) \leq 5$가 되도록 k의 값 조절	
화면		

출력되는 ans의 값을 정답과 비교하여 검증

[2023학년도 고2 3월 학평 14번]

문제	x에 대한 연립부등식 $\begin{cases} x^2+3x-10<0 \\ ax \geq a^2 \end{cases}$을 만족시키는 정수 x의 개수가 4가 되도록 하는 정수 a의 값은? [4점] ① -2 ② -1 ③ 0 ④ 1 ⑤ 2
정답	-1

파이썬 검증)

검증법 요약	조건을 만족하는 경우를 모두 만들어 경우의 수 세기

코드	```for a in range(-50, 51): # a의 값을 -50부터 50까지 변화```
	 ``` cnt = 0 # 연립부등식을 동시에 만족시키는 정수해의 개수를 누적할 변수 cnt 초기화```
	 ``` for x in range(-50, 51): # x의 값을 -50부터 50까지 변화```
	 ``` if (x**2 + 3*x - 10) < 0 and (a*x) >= a**2 : # $x^2+3x-10<0$이고 $ax \geq a^2$이면```
	 ``` cnt += 1 # cnt에 1 누적```
	 ``` if cnt == 4 : # cnt가 4이면```
	 ``` print(a) # a의 값 출력```

출력	-1

출력되는 값을 정답과 비교하여 검증

[2023학년도 고2 3월 학평 15번]

문제	다항식 $P(x)$와 상수 a에 대하여 등식 $x^3 - x^2 + 3x - 2 = (x+2)P(x) + ax$가 x에 대한 항등식일 때, $P(-2)$의 값은? [4점]
	① 9　　② 10　　③ 11　　④ 12　　⑤ 13
정답	9

지오지브라 검증)

검증법 요약	CAS(컴퓨터 대수학 시스템)을 이용한 계산

	〈입력창에 넣을 수식〉	〈수식의 수학적 의미〉
입력	a = 슬라이더(-20, 20, 0.01)	$-20 \leq a \leq 20$인 a 정의
	b = 슬라이더(-20, 20, 0.01)	$-20 \leq b \leq 20$인 b 정의
	p(x) = x^2 + bx - 1	함수 $p(x) = x^2 + bx - 1$ 작도 (주어진 조건의 최고차항의 계수와 상수에 의해 $P(x)$의 차수, 최고차항의 계수, 상수 반영)
	f(x) = (x+2) * p(x) + ax	함수 $f(x) = (x+2)p(x) + ax$ 작도
	ans = p(-2)	ans에 $p(-2)$ 계산값 입력
마우스	보기 〉 CAS 클릭	
화면		

	⟨입력창에 넣을 수식⟩	⟨수식의 수학적 의미⟩
CAS	전개(f(x))	두 상수 a, b의 값에 따른 $f(x)=(x+2)(x^2+bx-1)+ax$의 전개식 출력
마우스	$f(x)=0$의 전개식에서 x^2의 계수가 -1이 되도록 b의 값 조절	
	$f(x)=0$의 전개식에서 x의 계수가 3이 되도록 a의 값 조절	
화면		

출력되는 값을 정답과 비교하여 검증

[2023학년도 고2 3월 학평 16번]

문제	집합 $X = \{x \mid 0 \leq x \leq 4\}$에 대하여 X에서 X로의 함수 $f(x) = \begin{cases} ax^2 + b & (0 \leq x \leq 3) \\ x - 3 & (3 \leq x \leq 4) \end{cases}$가 일대일대응일 때, $f(1)$의 값은? (단, a, b는 상수이다.) [4점] ① $\dfrac{7}{3}$ ② $\dfrac{8}{3}$ ③ 3 ④ $\dfrac{10}{3}$ ⑤ $\dfrac{11}{3}$
정답	$\dfrac{11}{3}$

지오지브라 검증)

검증법 요약	함수 $y = f(x)$의 그래프가 일대일대응이 되게 하는 a, b의 값 찾기

	〈입력창에 넣을 수식〉	〈수식의 수학적 의미〉
입력	a = 슬라이더(-1, 1, 0.01)	$-1 \leq a \leq 1$인 a 정의
	b = 슬라이더(0, 4, 0.01)	$0 \leq b \leq 4$인 b 정의
	f: 조건(0<=x<3, ax^2 + b, 3<=x<=4, x-3)	함수 $f(x) = \begin{cases} ax^2 + b & (0 \leq x < 3) \\ x - 3 & (3 \leq x \leq 4) \end{cases}$ 작도
	eq1: x = 4	직선 $eq1 : x = 4$ 작도
	eq2: y = 4	직선 $eq2 : y = 4$ 작도
	k = f(3)	$k = f(3)$ 계산값 입력
	ans1 = f(1)	ans에 $f(1)$ 계산값 입력
	ans2 = 11 / 3	ans2에 $\dfrac{11}{3}$ 계산값 입력
마우스	함수 $f(x)$의 치역이 $\{y \mid 0 \leq y \leq 4\}$가 되고, k의 값이 1이 되도록 a, b의 값 조절
화면		

출력되는 ans1의 값을 ans2의 값과 비교하여 검증

[2023학년도 고2 3월 학평 17번]

문제	다음 조건을 만족시키는 허수 z가 존재하도록 하는 두 정수 m, n에 대하여 $m+n$의 최솟값은? (단, $\bar{z}$는 z의 켤레복소수이다.) [4점] (가) $z^2 + mz + n = 0$ (나) $z + \bar{z} = 8$ ① 3 ② 5 ③ 7 ④ 9 ⑤ 11
정답	9

지오지브라 검증)

검증법 요약	z를 x로 바꿔 이차함수가 x축과 만나지 않게 하는 n의 값 찾기

	⟨입력창에 넣을 수식⟩	⟨수식의 수학적 의미⟩
입력	n = 슬라이더(0, 20, 1)	$0 \leq n \leq 20$인 정수 n 정의
	f(x) = x^2 - 8x + n	(나) 조건에서 $m = -8$이므로 함수 $f(x) = x^2 - 8x + n$ 작도
마우스	$y = f(x)$ 그래프가 x축과 만나지 않도록 n의 값 조절	
화면		

$y = f(x)$ 그래프가 x축과 만나지 않도록 n의 최솟값에 대하여 $m+n$의 값을 정답과 비교하여 검증

[2023학년도 고2 3월 학평 18번]

문제	실수 x에 대한 두 조건 $p : |x-k| \leq 2$, $q : x^2 - 4x - 5 \leq 0$이 있다. 명제 $p \rightarrow q$와 명제 $p \rightarrow \sim q$가 모두 거짓이 되도록 하는 모든 정수 k의 값의 합은? [4점] ① 14　　② 16　　③ 18　　④ 20　　⑤ 22
정답	16

파이썬 검증)

검증법 요약	두 조건 p, q의 진리집합 P, Q가 $P \cap Q \neq \emptyset$, $P \cap Q^C \neq \emptyset$가 되도록 하는 k값 찾기
| 코드 | ```python
sum = 0    # 조건을 만족하는 k의 값을 누적할 변수 sum 초기화

for k in range(-50, 51):    # k의 값을 -50부터 50까지 변화
    check1 = 0    # 조건 p를 만족하는 경우를 확인할 변수 check1에 0 입력
    check2 = 0    # 조건 q를 만족하는 경우를 확인할 변수 check2에 0 입력
    for x in range(-50, 51):    # i의 값을 -50부터 50까지 변화
        p = abs(x - k) - 2    # $p = |x-k| - 2$ 계산값 입력
        q = x**2 - 4*x - 5    # $q = x^2 - 4x - 5$ 계산값 입력
        if p <= 0 and q <= 0 :    # 조건 p와 조건 q를 동시에 만족하면
            check1 = 1    # check1에 1 입력
        if p <= 0 and q > 0 :    # 조건 p와 조건 ~q를 동시에 만족하면
            check2 = 1    # check2에 1 입력
    if check1 == 1 and check2 == 1 :    # check1, check2가 모두 1이면
        sum += k    # sum에 k의 값 누적

print(sum)    # sum 출력
``` |
| 출력 | 16 |

출력되는 값을 정답과 비교하여 검증
```

[2023학년도 고2 3월 학평 19번]

문제	다음 조건을 만족시키는 집합 A의 개수는? [4점] (가) $\{0\} \subset A \subset \{x \mid x$는 실수$\}$ (나) $a^2 - 2 \notin A$이면 $a \notin A$이다. (다) $n(A) = 4$ ① 3 ② 4 ③ 5 ④ 6 ⑤ 7
정답	3

파이썬 검증)

검증법 요약	조건을 만족하는 모든 집합 찾기
| 코드 | ```
p = set()    # 집합 p 정의
pe = [0]     # 집합 p의 원소를 담을 리스트 pe 정의
n = 0        # 변수 n에 0 입력

while(n < 10) :    # n이 10 미만이면
    pe.append( pe[n]**2 - 2 )    # pe[n+1] = (pe[n])² - 2 계산값 입력
    n += 1    # n에 1 누적

for i in range(0, 10) :    # i의 값을 0부터 9까지 변화
    p.add(pe[i])    # 집합 p에 pe[i]의 값을 원소로 입력

print(p)    # 집합 p 출력
``` |
| 출력 | {0, 2, -2} |
| 코드 | ```
import math    # 수학 모듈 불러오기

a = set()    # 집합 a 정의
ae = [0, 2, -2]    # 리스트 ae 정의
a1 = []    # 집합 A의 원소이면 A에 포함되어야 하는 원소가 자신뿐인 수를 담을 리스트 a1 정의
tempset = set()    # 리스트 templist의 값을 담을 집합 tempset 정의

for i in range(-20, 20) :    # i의 값을 -20부터 20까지 변화
    templist = []    # 원소들을 임시로 담을 리스트 templist 초기화
``` |

```
            templist.append(i)    # 리스트 templist에 i값 추가
            tempset.clear()    # 집합 tempset 내용 삭제
            n = 0    # n에 0 입력
            while(n < 10) :    # n이 10 미만이면
                templist.append( templist[n]**2 - 2 )    # templist에 templist[n]^2 - 2 의 값 추가
                n += 1    # n의 값 1 누적
            for j in range(0, 10) :    # j의 값 0부터 9까지 변화
                tempset.add( templist[j] )    # 집합 tempset에 리스트 templist의 값 추가
            if len(tempset) == 1 :    # 집합 tempset의 원소의 개수가 1이면
                a1.append(i)    # 리스트 a1에 i값 추가

        for i in a1 :    # i의 값을 리스트 a1에 있는 값들로 변화
            a.clear()    # 집합 a 내용 삭제
            a = {0, 2, -2, i}    # 집합 a에 원소 0, 2, -2, i 추가
            if len(a) == 4 :    # 집합 a의 원소의 개수가 4이면
                print(a)    # 집합 a 출력

        for i in range(0, 3) :    # i의 값을 0부터 2까지 변화
            for j in range(0, 2) :    # j의 값을 0부터 1까지 변화
                a.clear()    # 집합 a 내용 삭제
                a = {0, 2, -2}    # 집합 a에 원소 0, 2, -2 추가
                k = (-1)**j * math.sqrt(ae[i] + 2)    # $k = (-1)^j \times \sqrt{ae[i]+2}$ 입력
                a.add(k)    # 집합 a에 k값 추가
                if len(a) == 4 :    # 집합 a의 원소의 개수가 4이면
                    print(a)    # 집합 a 출력
```

| 출력 | {0, 2, -2, -1}
{0, 1.4142135623730951, 2, -2}
{0, 2, -2, -1.4142135623730951} |

출력되는 집합의 종류의 개수를 정답과 비교하여 검증

[2023학년도 고2 3월 학평 20번]

문제	함수 $f(x)=\begin{cases} -(x-a)^2+b & (x \leq a) \\ -\sqrt{x-a}+b & (x > a) \end{cases}$ 와 서로 다른 세 실수 α, β, γ가 다음 조건을 만족시킨다. (가) 방정식 $\{f(x)-\alpha\}\{f(x)-\beta\}=0$을 만족시키는 실수 x의 값은 α, β, γ뿐이다. (나) $f(\alpha)=\alpha$, $f(\beta)=\beta$ $\alpha+\beta+\gamma=15$일 때, $f(\alpha+\beta)$의 값은? (단, a, b는 상수이다.) [4점] ① 1 ② 2 ③ 3 ④ 4 ⑤ 5
정답	3

지오지브라 검증)

검증법 요약	조건을 만족하는 그래프의 형태를 확인하여 $\alpha+\beta+\gamma=15$인 함수 $y=f(x)$의 그래프 작도하기

	⟨입력창에 넣을 수식⟩	⟨수식의 수학적 의미⟩
입력	a = 슬라이더(-10, 10, 0.01)	$-10 \leq a \leq 10$인 a 정의
	b = 슬라이더(-10, 10, 0.01)	$-10 \leq b \leq 10$인 b 정의
	f: 조건(x<=a, -(x-a)^2+b, -sqrt(x-a)+b)	함수 $f(x)=\begin{cases} -(x-a)^2+b & (x \leq a) \\ -\sqrt{x-a}+b & (x > a) \end{cases}$ 작도
	g: y = x	직선 $g: y=x$ 작도
	α = (2a-1-sqrt((2a-1)^2 -4(b^2 - a))) / 2 β = (2a-1+sqrt((2a-1)^2 -4(b^2 - a))) / 2	$-(x-a)^2+b=x$에서 $x=\dfrac{2a-1 \pm \sqrt{(2a-1)^2-4(b^2-a)}}{2}$이므로 α, β 정의
	γ = (2a+1+sqrt((2a+1)^2 -4(b^2 + a))) / 2	$-\sqrt{x-a}+b=x$에서 $x=\dfrac{2a+1+\sqrt{(2a+1)^2-4(b^2+a)}}{2}$이므로 γ 정의
	eq1: y = f(α)	직선 $eq1 : y=f(\alpha)$ 작도
	eq2: y = f(β)	직선 $eq2 : y=f(\beta)$ 작도

마우스	a, b의 값을 조절해보며 $y=f(x)$와 두 직선 $y=f(\alpha)$, $y=f(\beta)$과의 교점의 개수가 3개이기 위해서는 점 (a,b)가 $y=x$ 위의 점이어야 함을 발견
화면	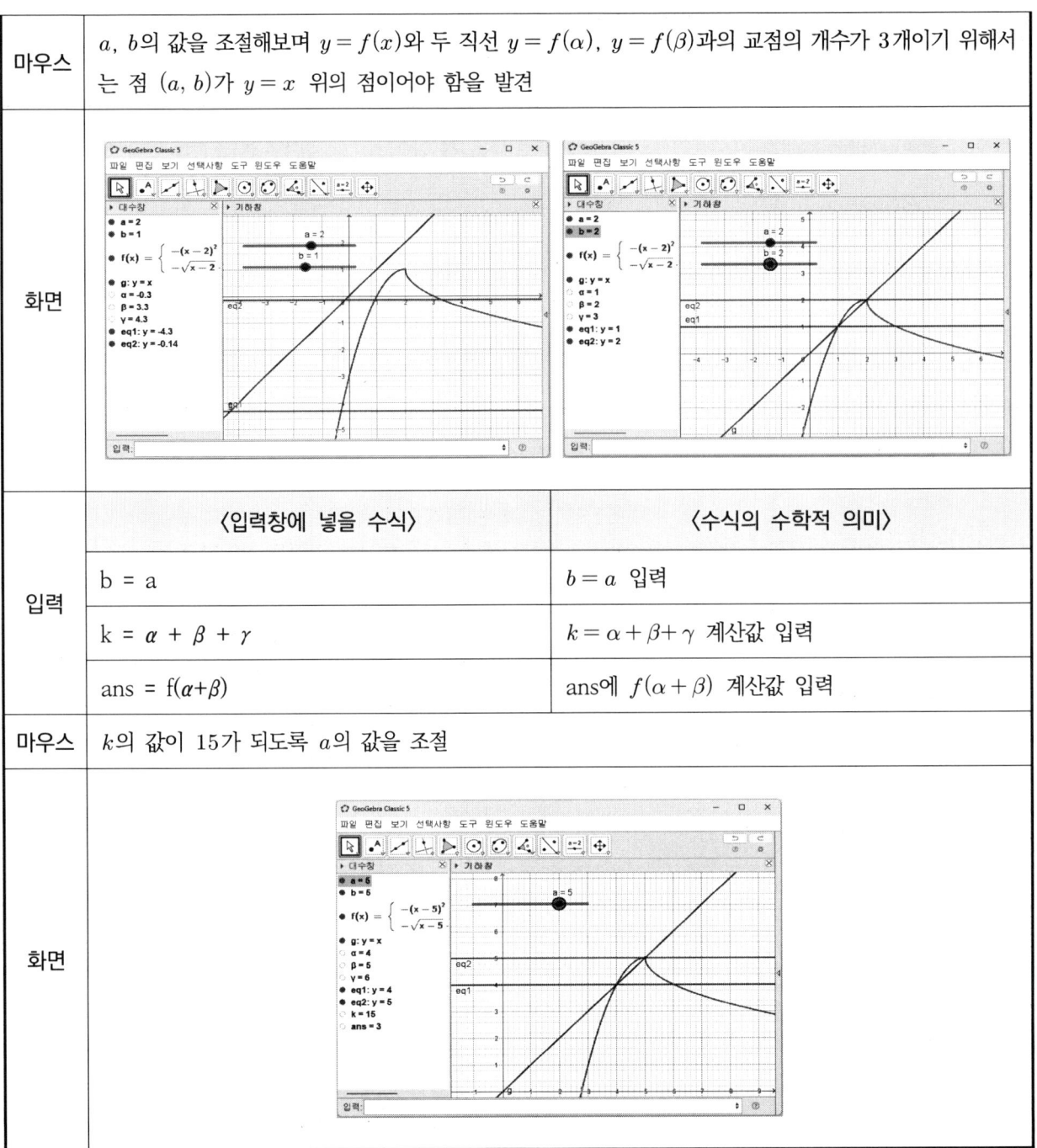
입력	<입력창에 넣을 수식> / <수식의 수학적 의미> b = a / $b=a$ 입력 k = α + β + γ / $k=\alpha+\beta+\gamma$ 계산값 입력 ans = f(α+β) / ans에 $f(\alpha+\beta)$ 계산값 입력
마우스	k의 값이 15가 되도록 a의 값을 조절
화면	

출력되는 ans의 값을 정답과 비교하여 검증

[2023학년도 고2 3월 학평 21번]

문제

좌표평면 위에 사분원의 호 $C: x^2+y^2=25$ $(x \leq 0, y \geq 0)$과 점 A(4, 2)가 있다. 호 C 위를 움직이는 점 P에 대하여 점 Q를 삼각형 APQ의 무게중심이 원점과 일치하도록 잡는다. 점 A를 원점에 대하여 대칭이동한 점을 A'이라 할 때, 〈보기〉에서 옳은 것만을 있는 대로 고른 것은? [4점]

〈 보 기 〉

ㄱ. 선분 PQ의 중점의 좌표는 $(-2, -1)$이다.
ㄴ. 선분 A'Q의 길이는 항상 일정하다.
ㄷ. 삼각형 A'QP의 넓이의 최댓값과 최솟값을 각각 M, m이라 할 때, $M \times m = 20\sqrt{5}$ 이다.

① ㄱ   ② ㄱ, ㄴ   ③ ㄱ, ㄷ   ④ ㄴ, ㄷ   ⑤ ㄱ, ㄴ, ㄷ

정답 ㄱ, ㄴ

지오지브라 검증)

검증법 요약	주어진 도형을 작도하여 각각의 성질이 성립하는지 수치로 확인

입력	〈입력창에 넣을 수식〉	〈수식의 수학적 의미〉
	f: 조건(x<=0, sqrt(25-x^2))	함수 $f(x) = \sqrt{25-x^2}$ $(x \leq 0)$ 작도
	A(4, 2)	점 A 작도
	k = 슬라이더(-5, 0, 0.01)	$-5 \leq k \leq 0$인 k 정의
	P = (k, f(k))	호 위의 점 $P(k, f(k))$ 작도
	Q = (-k-4, -f(k)-2)	삼각형 APQ의 무게중심이 원점이므로 $Q = (-k-4, -f(k)-2)$
	G = (A + P + Q) / 3	삼각형 APQ의 무게중심 점 G 작도

	A_1 = -A	점 A를 원점에 대해 대칭 이동한 점 A_1 작도
	M = (P + Q) / 2	선분 $\overline{PQ}$의 중점 M 작도
	len = 선분(A_1, Q)	len에 선분 $\overline{A_1Q}$의 길이 계산값 입력
	sur = 다각형(A_1, Q, P)	sur에 삼각형 A_1QP의 넓이 계산값 입력
마우스	ㄱ. k의 값을 변화시켜도 점 M의 좌표가 $(-2, -1)$로 변하지 않음을 확인	
	ㄴ. k의 값을 변화시켜도 len의 값(선분 $\overline{A_1Q}$의 길이)이 변하지 않음을 확인	
	ㄷ. sur의 값의 최댓값과 최솟값이 각각 11.18과 5임을 확인	
화면	(GeoGebra 화면: $f(x)=\sqrt{25-x^2}$, A=(4,2), k=0, P=(0,5), Q=(-4,-7), G=(0,0), A_1=(-4,-2), M=(-2,-1), len=5, q=8.06, a_1=12.66, p=5, sur=10)	

	⟨입력창에 넣을 수식⟩	⟨수식의 수학적 의미⟩
입력	ans1 = 11.18 * 5	ans1에 11.18×5 계산값 입력
	ans2 = 20 sqrt(5)	ans2에 $20\sqrt{5}$ 계산값 입력
화면	(GeoGebra 화면: $f(x)=\sqrt{25-x^2}$, A=(4,2), k=-2.15, P=(-2.15, 4.51), Q=(-1.85, -6.51), G=(0,0), A_1=(-4,-2), M=(-2,-1), len=5, q=6.77, a_1=11.03, p=5, sur=11.18, ans1=55.9, ans2=44.72)	

출력되는 ans1의 값을 ans2의 값과 비교하여 보기 검증

[2023학년도 고2 3월 학평 22번]

문제	두 집합 $A = \{-7, -5, 3\}$, $B = \{-7, -5, 9\}$에 대하여 집합 $A \cap B$의 모든 원소의 곱을 구하시오. [3점]
정답	35

파이썬 검증)

검증법 요약	두 집합의 모든 원소의 곱 계산하기
| 코드 | ```
a = {-7, -5, 3}    # 집합 A 정의
b = {-7, -5, 9}    # 집합 B 정의
inter = a & b      # inter에 집합 $A \cap B$ 입력
product = 1        # 곱을 누적할 변수 product에 1 입력

for i in inter :   # i의 값에 집합 inter의 원소를 하나씩 입력
    product *= i   # product에 i의 값을 곱하여 누적

print(product)     # product의 값 출력
``` |
| 출력 | 35 |

출력되는 값을 정답과 비교하여 검증
```

[2023학년도 고2 3월 학평 23번]

문제	그림은 함수 $f : X \to X$를 나타낸 것이다. 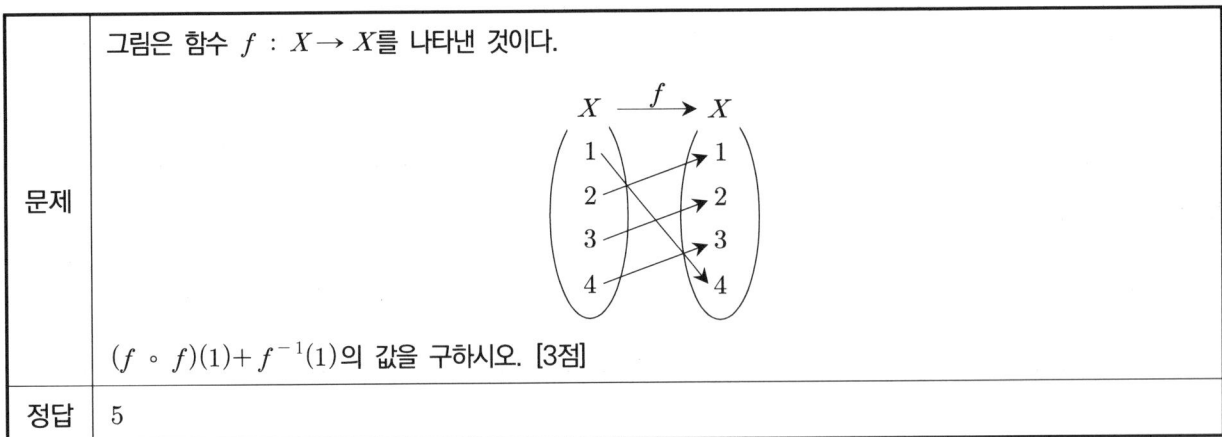 $(f \circ f)(1) + f^{-1}(1)$의 값을 구하시오. [3점]
정답	5

파이썬 검증)

검증법 요약	함수 관계를 리스트로 설정하여 함숫값 계산
코드	```f = [0, 4, 1, 2, 3] # 함수 f의 대응 관계를 리스트 f[1]부터 f[4]까지로 정의

for i in range(1, 5) :   # i의 값을 1부터 4까지 변화
  if f[i] == 1 :   # f[i]의 값이 1이면
    f_inv1 = i   # f_inv1에 i의 값 입력

print(f[f[1]] + f_inv1)   # f[f[1]] + f_inv1 계산값 출력``` |
| 출력 | 5 |

출력되는 값을 정답과 비교하여 검증

[2023학년도 고2 3월 학평 24번]

문제	다항식 $P(x)$를 x^2+3으로 나눈 몫이 $3x+1$, 나머지가 $x+5$일 때, $P(x)$를 $x-1$로 나눈 나머지를 구하시오. [3점]
정답	22

지오지브라 검증)

검증법 요약	조건을 만족하는 $P(x)$를 만들어 $P(1)$의 값 계산

	〈입력창에 넣을 수식〉	〈수식의 수학적 의미〉
입력	p(x) = (x^2 + 3)(3x + 1) + (x + 5)	함수 $p(x)=(x^2+3)(3x+1)+(x+5)$ 작도
	ans = p(1)	ans에 $p(1)$ 계산값 입력
화면	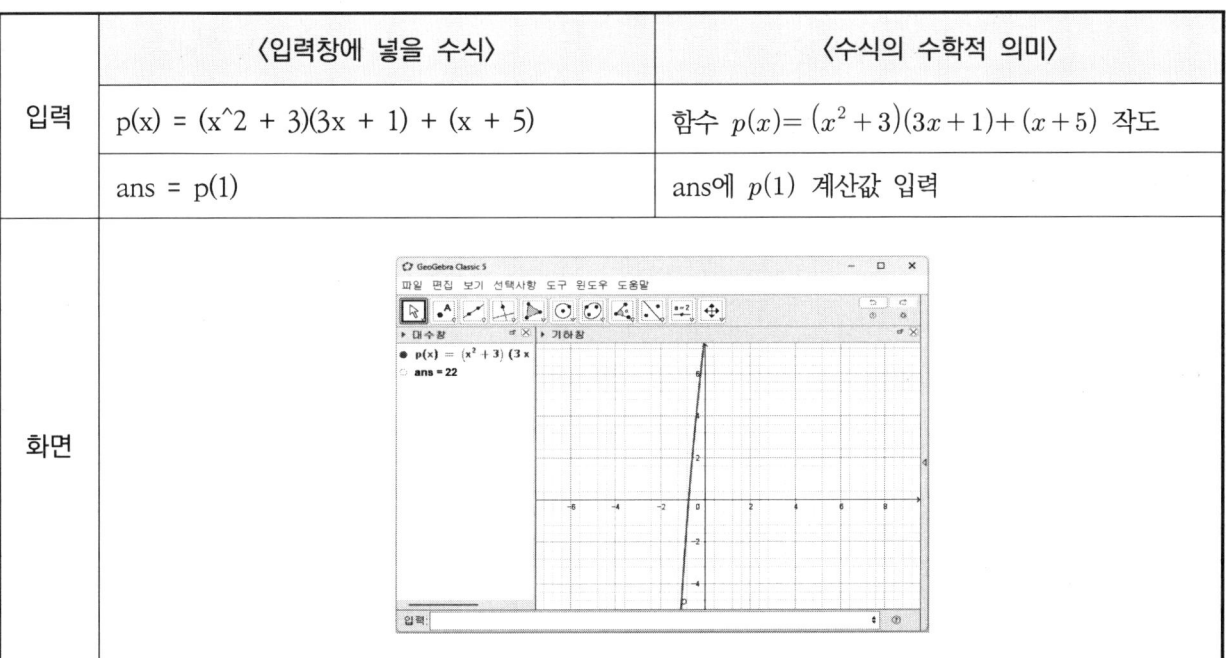	

출력되는 ans의 값을 정답과 비교하여 검증

[2023학년도 고2 3월 학평 25번]

문제	$-5 \leq x \leq -1$에서 함수 $f(x) = \sqrt{-ax+1}$ $(a > 0)$의 최댓값이 4가 되도록 하는 상수 a의 값을 구하시오. [3점]
정답	3

지오지브라 검증)

검증법 요약	a의 값을 조절해가며 $f(x)$의 최댓값이 4가 되는 a의 값 찾기

	〈입력창에 넣을 수식〉	〈수식의 수학적 의미〉
입력	a = 슬라이더(0, 10, 0.01)	$0 \leq a \leq 10$인 a 정의
	f: 조건(-5<=x<=-1, sqrt(-a*x+1))	함수 $f(x) = \sqrt{-ax+1}$ $(-5 \leq x \leq -1)$ 작도
	g: y = 4	직선 $g : y = 4$ 작도
	P = 교점(f, g)	두 그래프 $y = f(x)$, $y = g(x)$의 교점 P 작도
마우스	점 P의 좌표가 생성되는 상수 a의 값 중 최솟값으로 조절	
화면	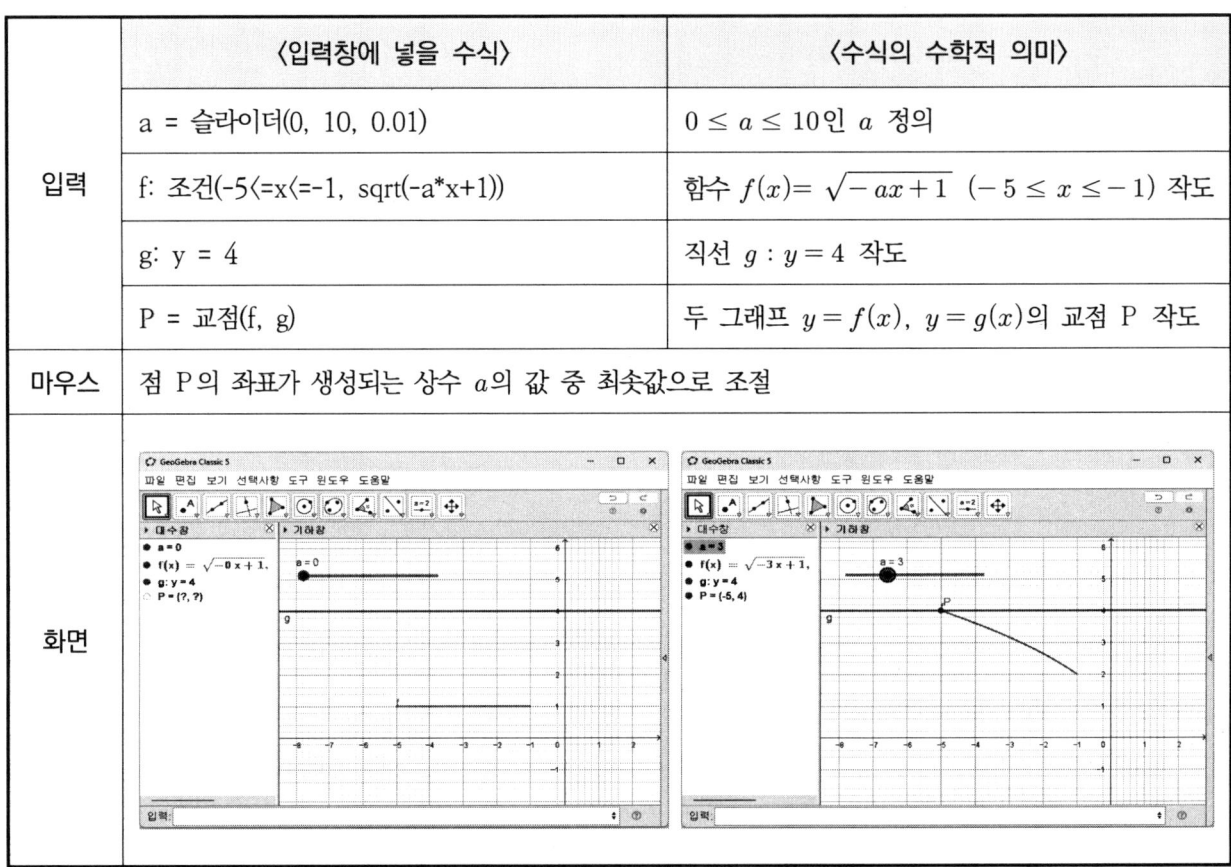	

$y = f(x)$의 최댓값이 4가 되게 하는 상수 a의 값을 정답과 비교하여 검증

[2023학년도 고2 3월 학평 26번]

문제	좌표평면 위의 네 점 $A(0, 1)$, $B(0, 4)$, $C(\sqrt{2}, p)$, $D(3\sqrt{2}, q)$가 다음 조건을 만족시킬 때, $p+q$의 값을 구하시오. [4점] (가) 직선 CD의 기울기는 음수이다. (나) $\overline{AB} = \overline{CD}$이고 $\overline{AD} // \overline{BC}$이다.
정답	9

지오지브라 검증)

검증법 요약	주어진 조건의 점을 작도하여 p, q의 값 찾기

	〈입력창에 넣을 수식〉	〈수식의 수학적 의미〉
입력	p = 슬라이더(-10, 10, 0.01)	$-10 \leq p \leq 10$인 p 정의
	A(0, 1)	점 $A(0, 1)$ 작도
	B(0, 4)	점 $B(0, 4)$ 작도
	C(sqrt(2), p)	점 $C(\sqrt{2}, p)$ 작도
	eq1: x = 3sqrt(2)	직선 $eq1 : x = 3\sqrt{2}$ 작도
	eq2: 원(C, 3)	점 C를 중심으로 하고 반지름의 길이가 3인 원 eq2 작도
	D = 교점(eq1, eq2)	직선 eq1과 원 eq2의 교점 D 작도
	l1 = 직선(B, C)	직선 $\overline{BC}$인 l1 작도
	l2 = 직선(A, D_1)	직선 $\overline{AD_1}$인 l2 작도
	l3 = 직선(A, D_2)	직선 $\overline{AD_2}$인 l3 작도
	m1 = 기울기(l1)	m1에 직선 l1의 기울기 계산값 입력
	m2 = 기울기(l2)	m2에 직선 l2의 기울기 계산값 입력
	m3 = 기울기(l3)	m3에 직선 l3의 기울기 계산값 입력

마우스	$m2 = m1$이 되거나 $m3 = m1$이 되도록 p의 값 조절하여 $p = 5$일 때 점 D_1의 y좌표가 6, $p = 6$일 때 점 D_1의 y좌표가 5가 됨을 확인하여 어느 경우에도 $p + q = 11$이 됨을 확인
화면	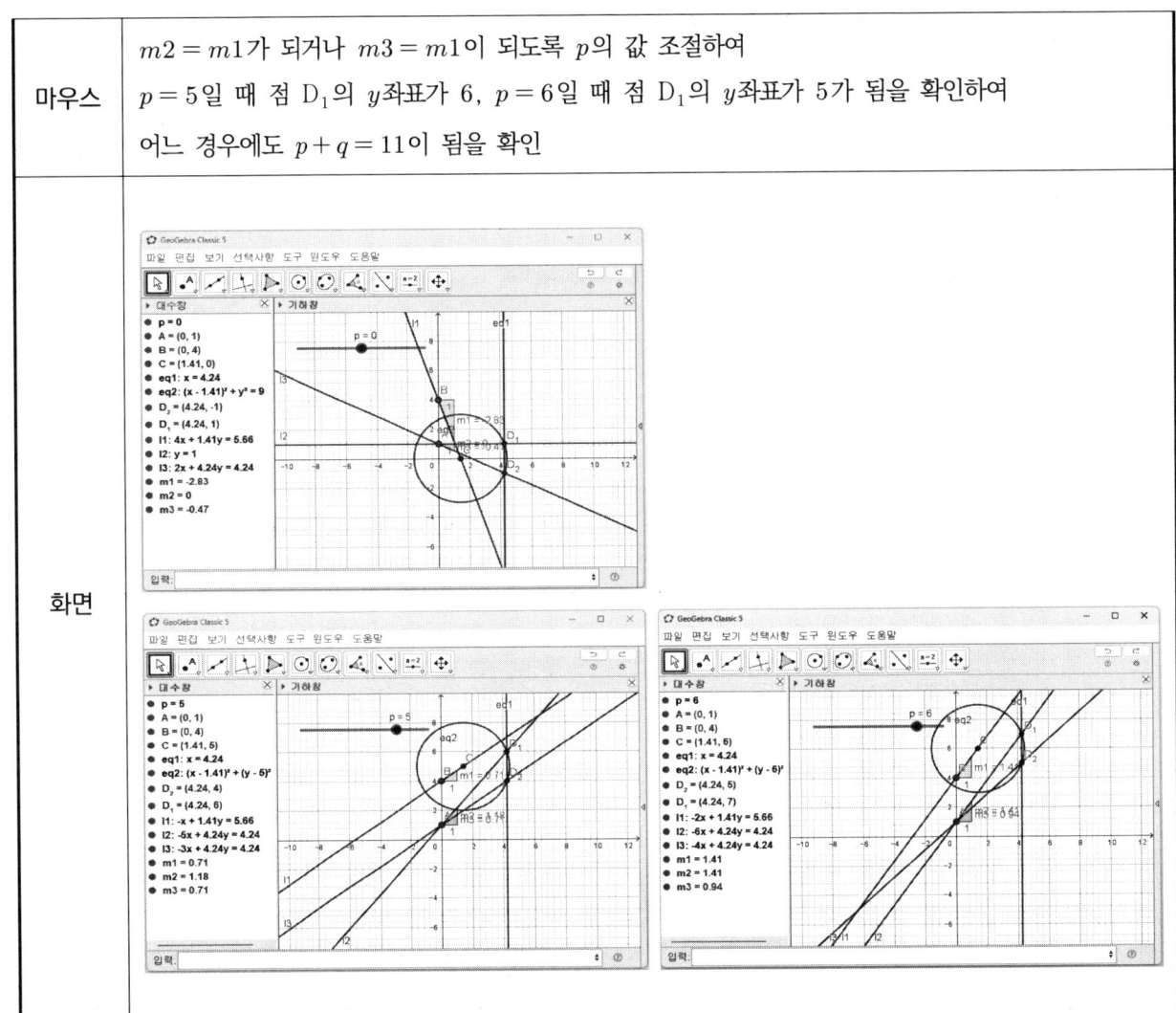

$p + q = 11$을 정답과 비교하여 검증

[2023학년도 고2 3월 학평 27번]

문제	서로 다른 네 종류의 인형이 각각 2개씩 있다. 이 8개의 인형 중에서 5개를 선택하는 경우의 수를 구하시오. (단, 같은 종류의 인형끼리는 서로 구별하지 않는다.) [4점]
정답	16

파이썬 검증)

검증법 요약	각 종류의 인형을 각각 번호 1, 2, 3, 4로 구분하고 첫째 줄에서 인형을 뽑는 경우와 둘째 줄에서 인형을 뽑는 경우를 별도로 구하여 해당 경우의 수 모두 세기
코드	```pick = [] # 인형 번호를 담을 리스트 pick 초기화

for i in range(1, 5) :   # i의 값을 1부터 4까지 변화
  for j in range(1, 5) :   # j의 값을 1부터 4까지 변화
    for k in range(1, 5) :   # k의 값을 1부터 4까지 변화
      for l in range(1, 5) :   # l의 값을 1부터 4까지 변화
        for m in range(1, 5) :   # m의 값을 1부터 4까지 변화
          temp = [i, j, k, l, m]   # [i, j, k, l, m]를 담을 리스트 temp 정의
          if temp.count(1) < 3 and temp.count(2) < 3 and temp.count(3) < 3 and temp.count(4) < 3 :   # 같은 종류의 인형이 3개 미만이면
            temp.sort()   # 리스트 temp의 요소 오름차순 정렬
            pick.append(temp)   # 리스트 pick에 리스트 temp 추가

pick_prt = []   # 인쇄할 리스트 pick_prt 초기화
cnt = 0   # 인쇄개수를 셀 변수 cnt 초기화
for i in pick :   # 리스트 pick의 값을 i에 부여하여 pick의 개수만큼
``` |
```

	if i not in pick_prt : # i의 값이 리스트 pick_prt에 들어있지 않다면 (중복자료 제외)
	    pick_prt.append(i) # 리스트 pick_prt에 리스트 i 추가
	    cnt += 1 # cnt에 1 누적
	    print(i) # i 출력
	
	print(cnt) # cnt의 값 출력

출력	[1, 1, 2, 2, 3] [1, 1, 2, 2, 4] [1, 1, 2, 3, 3] [1, 1, 2, 3, 4] [1, 1, 2, 4, 4] [1, 1, 3, 3, 4] [1, 1, 3, 4, 4] [1, 2, 2, 3, 3] [1, 2, 2, 3, 4] [1, 2, 2, 4, 4] [1, 2, 3, 3, 4] [1, 2, 3, 4, 4] [1, 3, 3, 4, 4] [2, 2, 3, 3, 4] [2, 2, 3, 4, 4] [2, 3, 3, 4, 4] 16

출력되는 값을 정답과 비교하여 검증

[2023학년도 고2 3월 학평 28번]

문제	자연수 n에 대하여 직선 $y=n$이 이차함수 $y=x^2-4x+4$의 그래프와 만나는 두 점의 x좌표를 각각 x_1, x_2라 하자. $\dfrac{|x_1|+|x_2|}{2}$의 값이 자연수가 되도록 하는 100 이하의 자연수 n의 개수를 구하시오. [4점]
정답	12

파이썬 검증)

검증법 요약	조건을 만족하는 100 이하의 모든 자연수 세기
| 코드9 | ```
import math    # 수학 모듈 불러오기

cnt = 0    # 조건을 만족하는 n의 개수를 셀 변수 cnt에 0 입력

for n in range(1, 101) :    # n의 값을 1부터 100까지 변화
    x1 = 2 - math.sqrt(n)    # x₁ = 2 - √n 입력
    x2 = 2 + math.sqrt(n)    # x₂ = 2 + √n 입력
    calc = (abs(x1) + abs(x2)) / 2    # calc = (|x₁|+|x₂|)/2 계산값 입력
    if calc == int(calc) :    # calc와 소수점을 버린 calc와 같으면 (calc가 정수이면)
        cnt += 1    # cnt에 1 누적

print(cnt)    # cnt값 출력
``` |
| 출력 | 12 |

출력되는 값을 정답과 비교하여 검증
```

[2023학년도 고2 3월 학평 29번]

문제	원 $(x-6)^2 + y^2 = r^2$ 위를 움직이는 두 점 P, Q가 있다. 점 P를 직선 $y=x$에 대하여 대칭이동한 점의 좌표를 (x_1, y_1)이라 하고, 점 Q를 x축의 방향으로 k만큼 평행이동한 점의 좌표를 (x_2, y_2)라 하자. $\dfrac{y_2 - y_1}{x_2 - x_1}$의 최솟값이 0이고 최댓값이 $\dfrac{4}{3}$일 때, $|r+k|$의 값을 구하시오. (단, $x_1 \neq x_2$이고, r는 양수이다.) [4점]
정답	15

파이썬 검증)

검증법 요약	$1 \leq r \leq 10$, $-20 \leq k \leq 0$, $-r \leq x_1 \leq r$, $6+k-r \leq x_2 \leq 6+k+r$의 범위에서 조건을 만족하는 r과 k의 값을 소수점 첫째 자리 단위에서 찾기 (구글 코랩 기준 파이썬 코드 실행 완료에 detail의 값이 1 또는 2이면 10초 이내, 3이면 15초 이내, 4이면 50초 이내, 10이면 30분 이내 소요)
| 코드 | ```
import math    # 수학 모듈 불러오기

detail = 3     # 확인할 소수점 단위 설정

for rr in range(1, 10*detail+1):     # rr의 값을 1부터 10*detail까지 변화
  for kr in range(-20*detail, 6*detail+1):     # k의 값을 -20*detail부터 6*detail까지 변화
    tan_min = 100     # 기울기의 최솟값을 담을 변수 tan_min에 100 입력
    tan_max = -100    # 기울기의 최댓값을 담을 변수 tan_max에 -100 입력
    for x1r in range(-rr, rr+1):     # x1r의 값을 -rr부터 rr까지 변화
      for x2r in range(6*detail+kr-rr, 6*detail+kr+rr+1):     # x2r의 값을 6*detail+kr-rr부터 6*detail+kr+rr까지 변화
        r = rr / detail     # r의 값을 rr / detail로 정의
        k = kr / detail     # k의 값을 kr / detail로 정의
        x1 = x1r / detail   # x1의 값을 x1r / detail로 정의
        x2 = x2r / detail   # x2의 값을 x2r / detail로 정의
        tang = []    # 각각의 기울기를 담을 리스트 tang 초기화
        if (r**2 - x1**2) >= 0 and (r**2 - (x2 - 6 - k)**2) > 0 and x2 != x1:    # $r^2 - x_1^2 \geq 0$이고, $r^2 - (x_2 - 6 - k)^2 > 0$ 이고, $x_2 \neq x_1$이면
``` |
```

```
            y11 = 6 - math.sqrt(r**2 - x1**2)    # y11에 6 - √(r² - (x₁)²) 값 입력
            y12 = 6 + math.sqrt(r**2 - x1**2)    # y12에 6 + √(r² - (x₁)²) 값 입력
            y21 = math.sqrt(r**2 - (x2 - 6 - k)**2)    # y21에 √(r² - (x₂ - 6 - k)²) 값 입력
            y22 = -1 * y21    # y22에 -y21값 입력
            tang.append((y21 - y11) / (x2 - x1))    # 두 점 (x₁, y₁₁), (x₂, y₂₁)를 연결한 직선의
                기울기 리스트 tang에 추가
            tang.append((y21 - y12) / (x2 - x1))    # 두 점 (x₁, y₁₂), (x₂, y₂₁)를 연결한 직선의
                기울기 리스트 tang에 추가
            tang.append((y22 - y11) / (x2 - x1))    # 두 점 (x₁, y₁₁), (x₂, y₂₂)를 연결한 직선의
                기울기 리스트 tang에 추가
            tang.append((y22 - y12) / (x2 - x1))    # 두 점 (x₁, y₁₂), (x₂, y₂₂)를 연결한 직선의
                기울기 리스트 tang에 추가
            if tan_min > min(tang) :    # tan_min이 리스트 tang의 최솟값보다 크면
                tan_min = min(tang)    # tan_min에 리스트 tang의 최솟값 입력
            if tan_max < max(tang) :    # tan_max가 리스트 tang의 최댓값보다 작으면
                tan_max = max(tang)    # tan_max에 리스트 tang의 최댓값 입력
    if abs(tan_min) < (1/(10*detail)) and abs(tan_max - 4/3) < (1/(10*detail)) :
        # tan_min이 0이고 tan_max가 4/3의 근삿값이면(분수를 유한소수로 처리하는 컴퓨터의 오차 고려)
        print(abs(r+k))    # |r+k|의 값 출력
```

출력	15.0

출력되는 값을 정답과 비교하여 검증

[2023학년도 고2 3월 학평 30번]

문제	두 실수 $a(a<1)$, b에 대하여 함수 $f(x)$를 $f(x)=\begin{cases}\dfrac{1-a}{x-1}+2 & (x \leq a)\\ bx(x-a)+1 & (x>a)\end{cases}$ 라 하자. 함수 $f(x)$가 다음 조건을 만족시키도록 하는 a, b의 모든 순서쌍이 (a_1, b_1), (a_2, b_2)일 때, $-40 \times (a_1+b_1+a_2+b_2)$의 값을 구하시오. [4점] (가) $x \leq 0$인 모든 실수 x에 대하여 $f(x) \geq f(-2)$이다. (나) 방정식 $|f(x)|=2$의 서로 다른 실근의 개수는 2이다.
정답	250

지오지브라 검증)

검증법 요약	조건을 만족하는 $y=f(x)$의 그래프를 작도하여 순서쌍 (a, b) 찾기

	⟨입력창에 넣을 수식⟩	⟨수식의 수학적 의미⟩
입력	a = 슬라이더(-10, 0.99, 0.01)	$-10 \leq a \leq 0.99$인 a 정의
	b = 슬라이더(-10, 10, 0.01)	$-10 \leq b \leq 10$인 b 정의
	f(x) = 조건(x<=a, (1-a)/(x-1) + 2, b*x(x-a) + 1)	함수 $f(x)$ 작도
	P(-2, f(-2))	점 $P(-2, f(-2))$ 작도
	g: |y| = 2	직선 $g: |y|=2$ 작도
마우스	a의 값을 조절해보며 $y=f(x)$를 구성하는 두 함수의 접합점의 x좌표가 a이므로 (가) 조건을 만족시키기 위해 $a=-2$로 조절	
화면		

마우스	b의 값이 양수이면 $x > a$에서 $y = f(x)$는 아래로 볼록인 이차함수가 되고 b의 값이 음수이면 $x > a$에서 $y = f(x)$는 위로 볼록인 이차함수가 됨을 확인
	상수 a의 값에 대해 b의 값을 변화시키면 $x > a$에서 $y = f(x)$는 두 점 $(0, 1)$과 $(a, 1)$을 지나는 이차함수임을 확인
화면	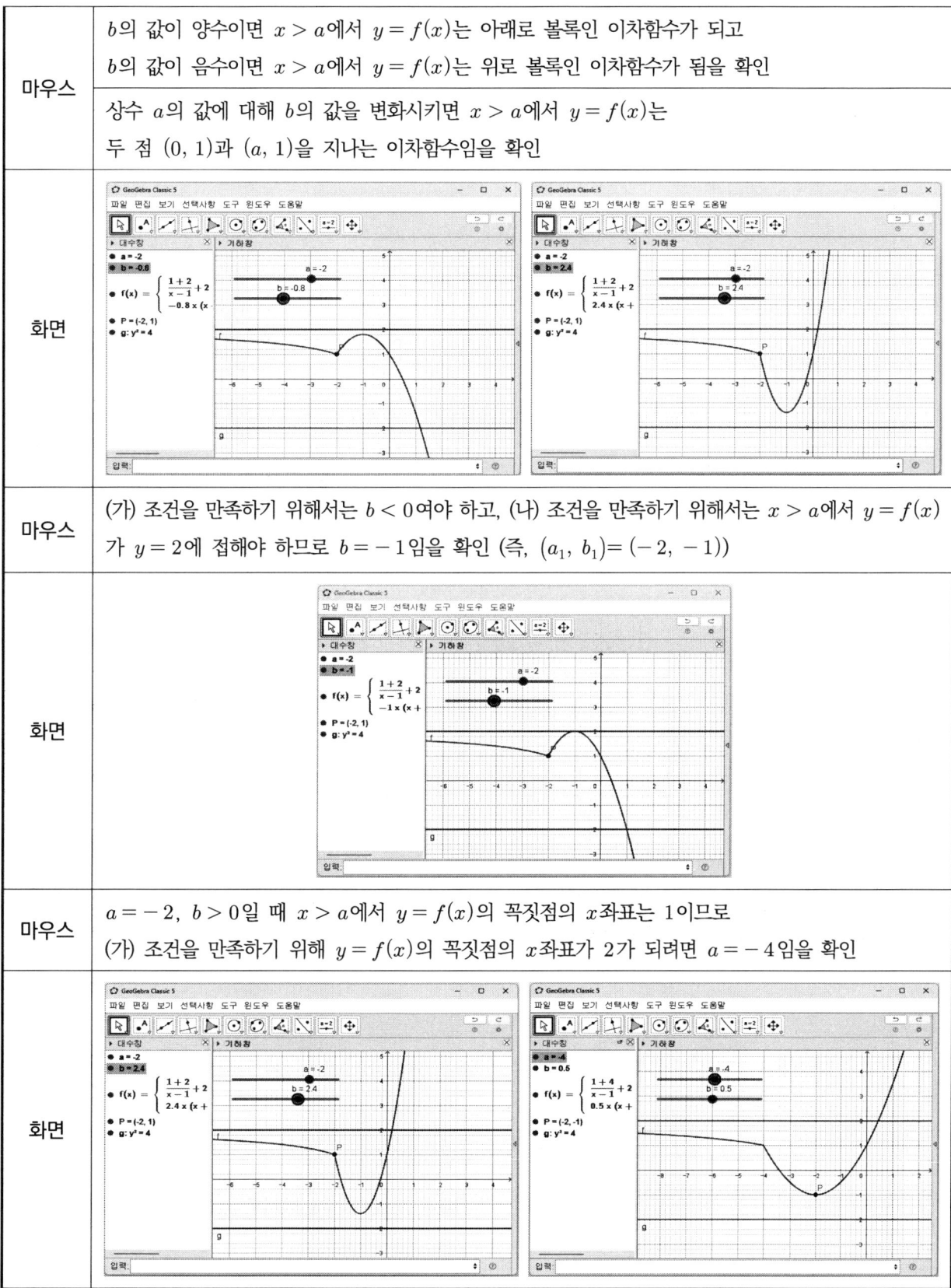
마우스	(가) 조건을 만족하기 위해서는 $b < 0$여야 하고, (나) 조건을 만족하기 위해서는 $x > a$에서 $y = f(x)$가 $y = 2$에 접해야 하므로 $b = -1$임을 확인 (즉, $(a_1, b_1) = (-2, -1)$)
화면	
마우스	$a = -2$, $b > 0$일 때 $x > a$에서 $y = f(x)$의 꼭짓점의 x좌표는 1이므로 (가) 조건을 만족하기 위해 $y = f(x)$의 꼭짓점의 x좌표가 2가 되려면 $a = -4$임을 확인
화면	

마우스	(가) 조건을 만족하기 위해서는 $b<0$여야 하고, (나) 조건을 만족하기 위해서는 $x>a$에서 $y=f(x)$가 $y=2$에 접해야 하므로 $b=0.75$임을 확인 (즉, $(a_2,\ b_2)=\left(-4,\ \dfrac{3}{4}\right)$)
화면	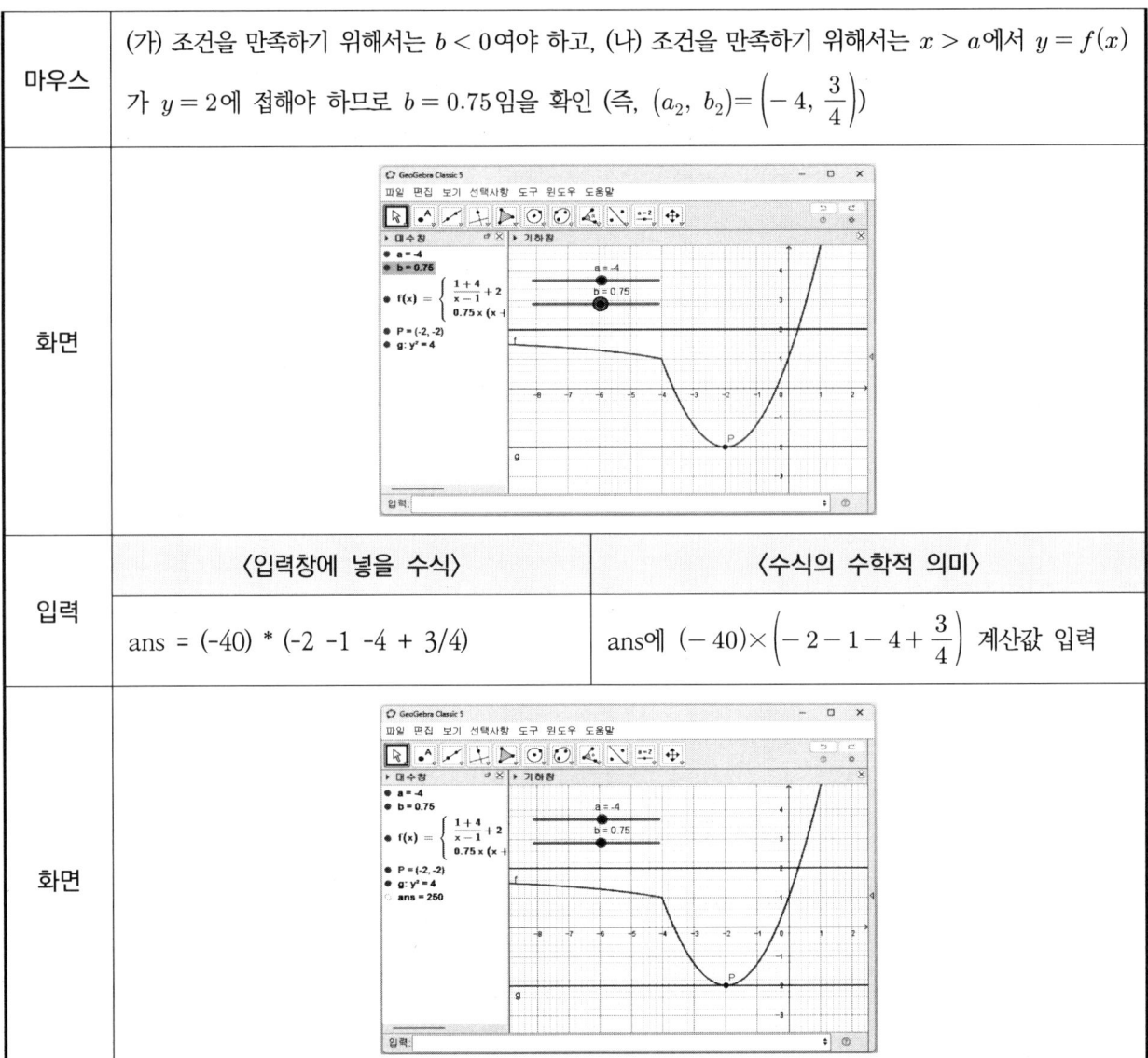
입력	<입력창에 넣을 수식> ans = (-40) * (-2 -1 -4 + 3/4)	<수식의 수학적 의미> ans에 $(-40)\times\left(-2-1-4+\dfrac{3}{4}\right)$ 계산값 입력
화면	

출력되는 ans의 값을 정답과 비교하여 검증

[2024학년도 9모평 1번]

문제	$3^{1-\sqrt{5}} \times 3^{1+\sqrt{5}}$ 의 값은? [2점] ① $\dfrac{1}{9}$ ② $\dfrac{1}{3}$ ③ 1 ④ 3 ⑤ 9
정답	9

지오지브라 검증)

검증법 요약	주어진 식을 입력하여 계산

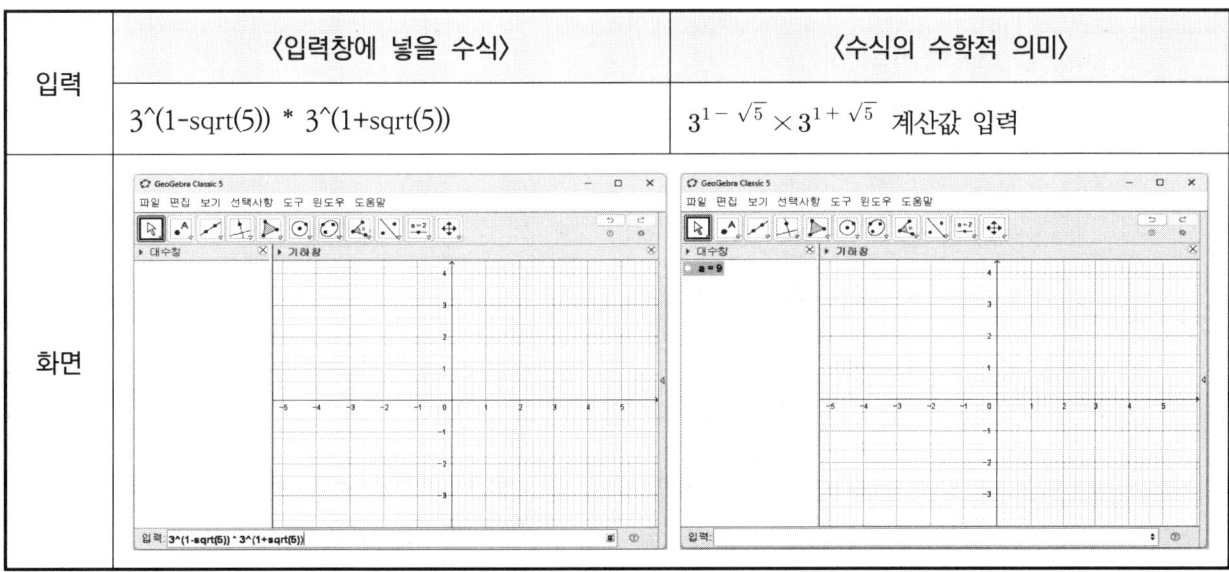

입력	⟨입력창에 넣을 수식⟩	⟨수식의 수학적 의미⟩
	3^(1-sqrt(5)) * 3^(1+sqrt(5))	$3^{1-\sqrt{5}} \times 3^{1+\sqrt{5}}$ 계산값 입력

출력되는 계산 결과를 정답과 비교하여 검증

[2024학년도 9모평 2번]

문제	함수 $f(x) = 2x^2 - x$에 대하여 $\lim\limits_{x \to 1} \dfrac{f(x)-1}{x-1}$의 값은? [2점]
	① 1 ② 2 ③ 3 ④ 4 ⑤ 5
정답	3

파이썬 검증)

검증법 요약	i가 증가할 때의 $x = 1 \pm \dfrac{1}{10^i}$에 대해 주어진 함수의 함숫값 출력

| 코드 | ```
print("x=0에서의 좌극한")
for i in range(1, 6) :    # 변수 i의 값을 1부터 5까지 변화
    x = 1 - 1 / 10**i    # x에 $1 - \left(\dfrac{1}{10}\right)^i$의 값 입력
    limit = (2*(x**2) - x - 1) / (x-1)    # limit에 $\dfrac{2x^2 - x - 1}{x-1}$ 계산값 입력
    print(limit)    # 변수 limit의 값 출력

print("x=0에서의 우극한")
for i in range(1, 6) :    # 변수 i의 값을 1부터 5까지 변화
    x = 1 + 1 / 10**i    # x에 $1 + \left(\dfrac{1}{10}\right)^i$의 값 입력
    limit = (2*(x**2) - x - 1) / (x-1)    # limit에 $\dfrac{2x^2 - x - 1}{x-1}$ 계산값 입력
    print(limit)    # 변수 limit의 값 출력
``` |
|---|---|
| 출력 | x=0에서의 좌극한
2.8
2.980000000000002
2.9979999999999425
2.999799999998995
2.999979999998345
x=0에서의 우극한
3.2
3.019999999999998
3.0019999999998355
3.0001999999987845
3.000020000001655 |

출력되는 값들이 정답에 근사함으로 검증
```

[2024학년도 9모평 3번]

문제	$\frac{3}{2}\pi < \theta < 2\pi$인 θ에 대하여 $\cos\theta = \frac{\sqrt{6}}{3}$일 때, $\tan\theta$의 값은? [3점] ① $-\sqrt{2}$ ② $-\frac{\sqrt{2}}{2}$ ③ 0 ④ $\frac{\sqrt{2}}{2}$ ⑤ $\sqrt{2}$
정답	$-\frac{\sqrt{2}}{2}$

지오지브라 검증)

검증법 요약	주어진 조건에서의 함수의 교점의 좌표가 정답과 일치하는지 확인

	〈입력창에 넣을 수식〉	〈수식의 수학적 의미〉
입력	f: 조건(0<x<2pi, cos x)	함수 $f(x) = \cos x$ $(0 < x < 2\pi)$ 작도
	k = sqrt(6)/3	$k = \frac{\sqrt{6}}{3}$ 계산값 입력
	g: y = k	함수 $g : y = k$ 작도
	k1 = arccos(k)	$k_1 = \arccos(k)$ 계산값 입력
	k2 = 2pi - k1	$k_2 = 2\pi - k_1$ 계산값 입력
	eq1: x = k1	직선 $eq1 : x = k_1$ 작도
	eq2: x = k2	직선 $eq2 : x = k_2$ 작도
	ans1 = tan(k2)	ans1에 $\tan(k_2)$ 계산값 입력
	ans2 = -sqrt(2) / 2	ans2에 $-\frac{\sqrt{2}}{2}$ 계산값 입력
화면		

출력되는 ans1과 ans2를 비교하여 검증
교점의 좌표를 소수점 셋째 자리에서 반올림했기에 tan(k)의 값과 정답의 0.01 오차는 무시 가능

2024학년도 9모평

[2024학년도 9모평 5번]

문제	모든 항이 양수인 등비수열 $\{a_n\}$에 대하여 $\dfrac{a_3 a_8}{a_6} = 12$, $a_5 + a_7 = 36$일 때, a_{11}의 값은? [3점]
	① 72　　② 78　　③ 84　　④ 90　　⑤ 96
정답	96

파이썬 검증)

검증법 요약	풀이 과정에서 구한 a_5와 r^2을 이용해 a_{11}을 구하기
코드	r = 2**(1/2)　　# $\dfrac{a_3 a_8}{a_6} = ar^4 = 12$, $ar^4(1+r^2) = 36$에서 $r^2 = 2$이므로 $r = 2^{\frac{1}{2}}$ 입력 a = [0]　　# 리스트 a를 정의하고, a[0]에 0 입력 ($a_0 = 0$) a.append(12 / r**4)　　# a[1]에 $\dfrac{12}{r^4}$ 값 입력 ($a_1 = \dfrac{12}{r^4}$) for i in range(2, 20) :　　# i의 값을 2부터 19까지 변화 　　a.append(a[i-1] * r)　　# a[i]에 a[i-1] × r 값 입력 (등비수열의 각 항 계산) print(a[3]*a[8]/a[6])　　# $\dfrac{a_3 a_8}{a_6}$ 계산값 출력 print(a[5]+a[7])　　# $a_5 + a_7$ 계산값 출력 print(a[11])　　# a_{11} 계산값 출력
출력	12.0 36.00000000000001 96.00000000000001

출력되는 값을 문제의 조건 및 정답과 비교하여 검증

컴퓨터는 무한소수를 유한소수로 대체하여 사용하기에 아주 작은 오차는 무시 가능

[2024학년도 9모평 6번]

문제	함수 $f(x)=x^3+ax^2+bx+1$은 $x=-1$에서 극대이고, $x=3$에서 극소이다. 함수 $f(x)$의 극댓값은? (단, a, b는 상수이다.) [3점] ① 0 ② 3 ③ 6 ④ 9 ⑤ 12
정답	6

지오지브라 검증)

검증법 요약	$g(x)=f'(x)$를 이용하여 $f(x)$의 극댓값 계산

	〈입력창에 넣을 수식〉	〈수식의 수학적 의미〉
입력	g: y = 3(x+1)(x-3)	함수 $g(x)=3(x+1)(x-3)$ 작도
	f: 적분(g) + 1	함수 $f(x)=\int g(x)dx+1$ 작도
	ans = f(-1)	ans에 $f(-1)$ 계산값 입력
화면	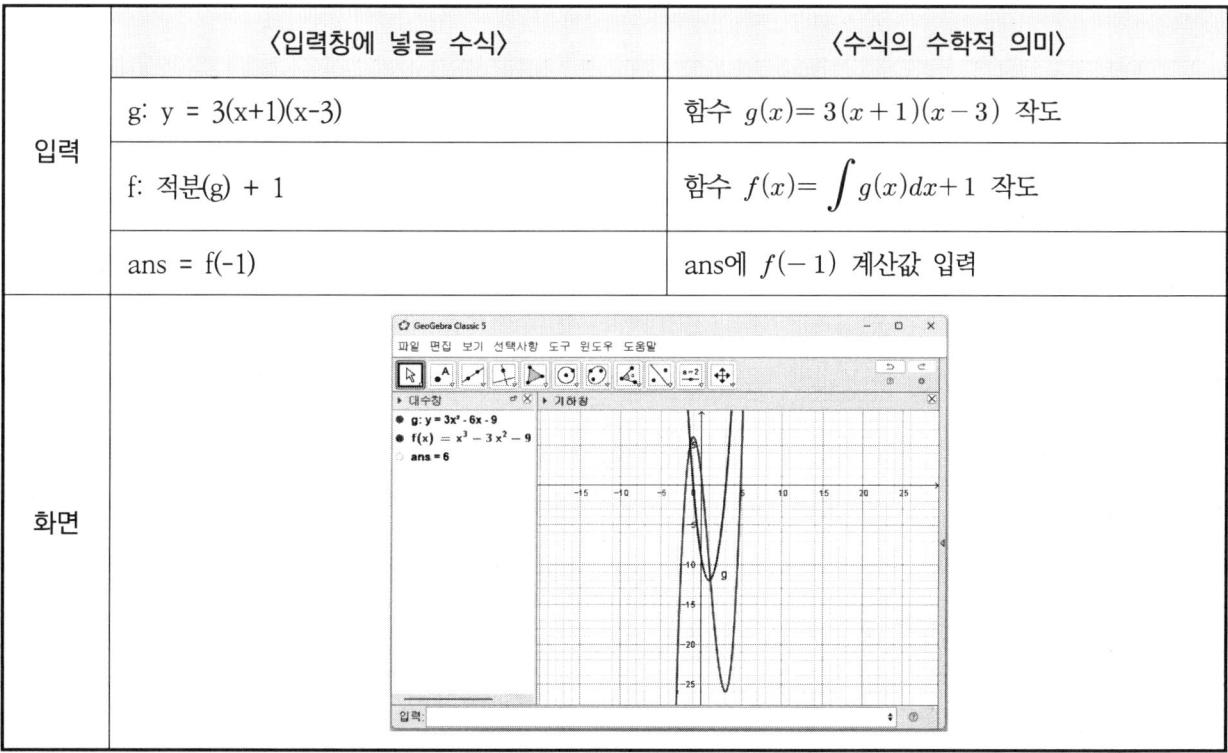	

출력되는 ans의 값을 정답과 비교하여 검증

[2024학년도 9모평 7번]

문제	두 실수 a, b가 $3a+2b=\log_3 32$, $ab=\log_9 2$를 만족시킬 때, $\dfrac{1}{3a}+\dfrac{1}{2b}$의 값은? [3점]
	① $\dfrac{5}{12}$ ② $\dfrac{5}{6}$ ③ $\dfrac{5}{4}$ ④ $\dfrac{5}{3}$ ⑤ $\dfrac{25}{12}$
정답	$\dfrac{5}{3}$

지오지브라 검증)

검증법 요약	두 그래프의 교점을 지나는 그래프를 작도하여 값 확인

	〈입력창에 넣을 수식〉	〈수식의 수학적 의미〉
입력	f: 3x + 2y = log(3, 32)	직선 $f: 3x+2y=\log_3 32$ 작도
	g: x*y = log(9, 2)	곡선 $g: x \times y = \log_9 2$ 작도
	A = 교점(f, g)	직선 f과 곡선 g의 교점 작도
	k = 슬라이더(0, 3, 0.01)	$0 \le k \le 3$인 변수 k 설정
	h: 1/(3x) + 1/(2y) = k	곡선 $h: \dfrac{1}{3x}+\dfrac{1}{2y}=k$ 작도
마우스	곡선 h가 두 점 A_1, A_2를 지나도록 k의 값 조절	
화면		

곡선 h가 두 점 A_1, A_2를 지날 때의 k의 값을 정답과 비교하여 검증

[2024학년도 9모평 8번]

문제	다항함수 $f(x)$가 $f'(x) = 6x^2 - 2f(1)x$, $f(0) = 4$를 만족시킬 때, $f(2)$의 값은? [3점] ① 5 ② 6 ③ 7 ④ 8 ⑤ 9
정답	8

지오지브라 검증)

검증법 요약	함수 $y = f(x)$, $y = f'(x)$, $y = f(1)$, $y = \dfrac{f'(1) - 6}{-2}$의 그래프를 그려 두 직선 $y = f(1)$, $y = \dfrac{f'(1) - 6}{-2}$이 일치하는 k의 값 확인

	〈입력창에 넣을 수식〉	〈수식의 수학적 의미〉
입력	k = 슬라이더(0, 10, 0.01)	$0 \le k \le 10$인 k 정의
	f': y = 6x^2 - 2kx	함수 $f'(x) = 6x^2 - 2kx$ 작도
	f: 적분(f') + 4	함수 $f(x) = \int f'(x)dx + 4$ 작도
	g: y = f(1)	직선 $g : y = f(1)$ 작도
	h: y = (f'(1) - 6) / (-2)	직선 $h : y = \dfrac{f'(1) - 6}{-2}$ 작도
	ans = f(2)	ans에 $f(2)$ 계산값 입력
마우스	두 직선 g, h가 일치하도록 k의 값 조절	
화면		

두 직선 g, h가 일치할 때의 ans의 값을 정답과 비교하여 검증

[2024학년도 9모평 9번]

문제	$0 \leq x \leq 2\pi$일 때, 부등식 $\cos x \leq \sin \dfrac{\pi}{7}$를 만족시키는 모든 x의 값의 범위는 $\alpha \leq x \leq \beta$이다. $\beta - \alpha$의 값은? [4점] ① $\dfrac{8}{7}\pi$ ② $\dfrac{17}{14}\pi$ ③ $\dfrac{9}{7}\pi$ ④ $\dfrac{19}{14}\pi$ ⑤ $\dfrac{10}{7}\pi$
정답	$\dfrac{9}{7}\pi$

지오지브라 검증)

검증법 요약	$g(x) = f'(x)$를 이용하여 $f(x)$의 극댓값 계산

	〈입력창에 넣을 수식〉	〈수식의 수학적 의미〉
입력	f: 조건(0<=x<=2pi, cos x)	함수 $f(x) = \cos x$ ($0 \leq x \leq 2\pi$) 작도
	g: 조건(0<=x<=2pi, sin pi/7)	직선 $g : y = \sin \dfrac{\pi}{7}$ ($0 \leq x \leq 2\pi$) 작도
	교점(f, g, 0, 2pi)	$0 < x < 2\pi$에서 두 함수 $y = f(x)$, $y = g(x)$의 교점 생성
	ans1 = 선분(A, B)	ans1에 $\overline{AB}$ 계산값 입력
	ans2 = 9pi / 7	ans2에 $\dfrac{9\pi}{7}$ 계산값 입력
화면		

출력되는 ans1의 값을 ans2의 값과 비교하여 검증

[2024학년도 9모평 10번]

문제	최고차항의 계수가 1인 삼차함수 $f(x)$에 대하여 곡선 $y=f(x)$ 위의 점 $(-2, f(-2))$에서의 접선과 곡선 $y=f(x)$ 위의 점 $(2, 3)$에서의 접선이 점 $(1, 3)$에서 만날 때, $f(0)$의 값은? [4점] ① 31 　　② 33 　　③ 35 　　④ 37 　　⑤ 39
정답	35

지오지브라 검증)

검증법 요약	조건을 만족하는 $y=f(x)$ 그래프를 작도하여 $f(0)$의 값 확인

	〈입력창에 넣을 수식〉	〈수식의 수학적 의미〉
입력	a = 슬라이더(-10, 10, 0.01)	$-10 \leq a \leq 10$인 a 정의
	f: y = (x-a)(x-2)^2 + 3	최고차항의 계수가 1이고, $(2, f(2))$에서의 $y=f(x)$에 대한 접선이 $(1, 3)$을 지나므로 $f(x)=(x-a)(x-2)^2+3$ 작도
	p: 접선((-2,f(-2)), f)	$(-2, f(-2))$에서의 $y=f(x)$에 대한 접선인 p 작도
	q: 접선((2,f(2)), f)	$(2, f(2))$에서의 $y=f(x)$에 대한 접선인 q 작도
	P = 교점(p, q)	두 직선 p, q의 교점 P 작도
	ans = f(0)	ans에 $f(0)$ 계산값 입력
마우스	점 P의 좌표가 (1, 3)이 되도록 a의 값 조절	
화면	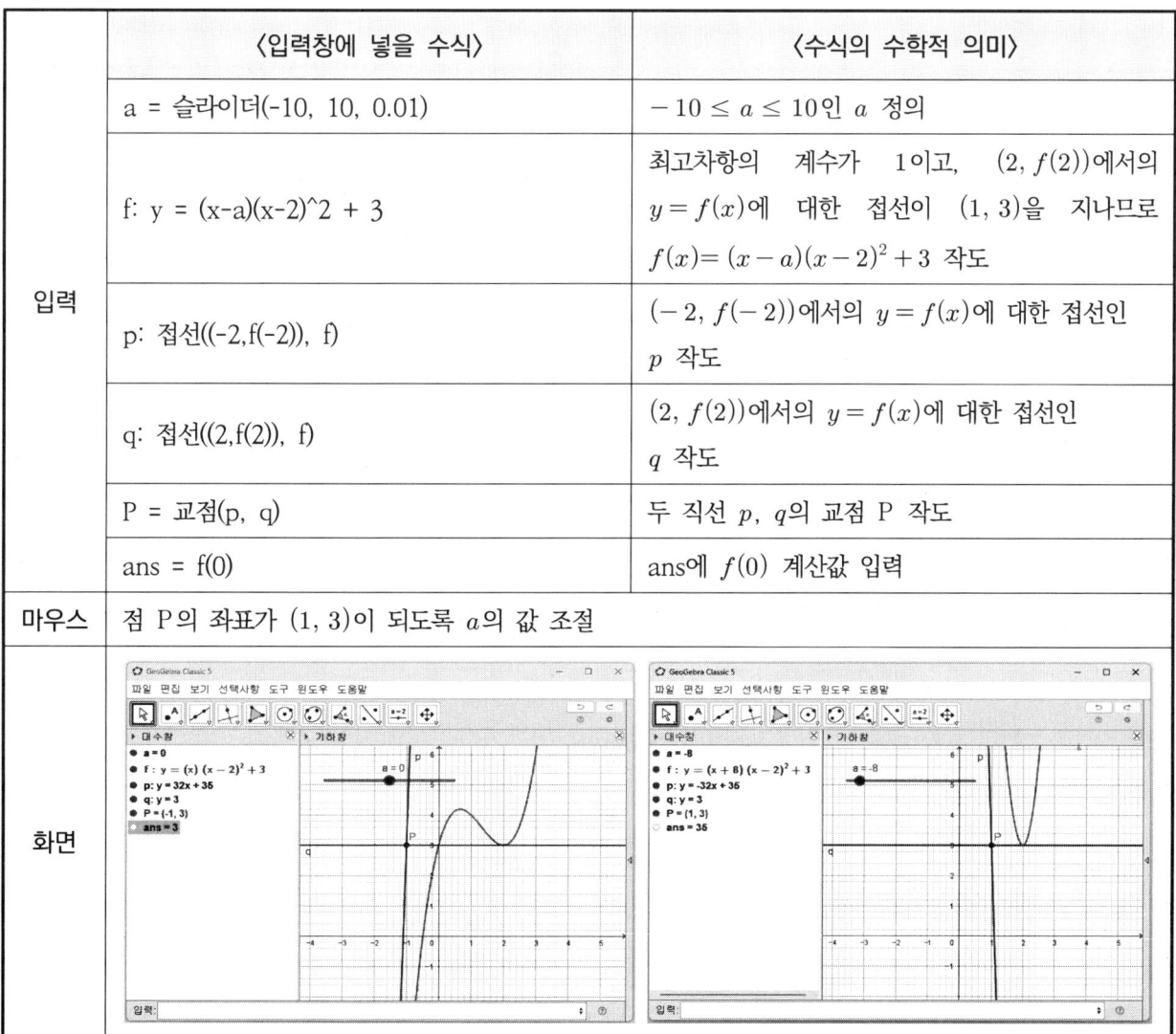	

점 P의 좌표가 (1, 3)일 때의 ans의 값을 정답과 비교하여 검증

[2024학년도 9모평 11번]

문제	두 점 P와 Q는 시각 $t=0$일 때 각각 점 A(1)과 점 B(8)에서 출발하여 수직선 위를 움직인다. 두 점 P, Q의 시각 $t(t \geq 0)$에서의 속도는 각각 $v_1(t) = 3t^2 + 4t - 7$, $v_2(t) = 2t + 4$이다. 출발한 시각부터 두 점 P, Q 사이의 거리가 처음으로 4가 될 때까지 점 P가 움직인 거리는? [4점] ① 10　　② 14　　③ 19　　④ 25　　⑤ 32
정답	32

지오지브라 검증)

검증법 요약	$v_1(t)$와 $v_2(t)$의 적분함수를 이용해 거리가 4인 시각을 찾아 이동거리 계산

	⟨입력창에 넣을 수식⟩	⟨수식의 수학적 의미⟩
입력	f: 적분(3x^2 + 4x - 7) + 1	함수 $f(x) = \int_0^x v_1(t)dt + 1$ 작도
	g: 적분(2x + 4) +8	함수 $g(x) = \int_0^x v_2(t)dt + 8$ 작도
	h: 조건(x>=0, |f-g|)	함수 $h(x) = |f(x) - g(x)|$ $(x \geq 0)$ 작도
	p: y = 4	직선 $p : y = 4$ 작도
	P = 교점(h, p, 0, 10)	$0 < x < 10$에서 두 함수 $y = h(x)$, $y = p(x)$의 교점 P_1, P_2 생성
	ans = 적분차(|3x^2+4x-7|, 0, 0, 3)	두 교점 중 x좌표가 작은 값이 3이므로 ans에 $\int_0^3 |v_1(t)| dt$의 계산값 입력
화면		

출력되는 ans의 값을 정답과 비교하여 검증

[2024학년도 9모평 12번]

문제	첫째항이 자연수인 수열 $\{a_n\}$이 모든 자연수 n에 대하여 $a_{n+1} = \begin{cases} a_n + 1 & (a_n\text{이 홀수인 경우}) \\ \dfrac{1}{2}a_n & (a_n\text{이 짝수인 경우}) \end{cases}$ 를 만족시킬 때, $a_2 + a_4 = 40$이 되도록 하는 모든 a_1의 값의 합은? [4점] ① 172　② 175　③ 178　④ 181　⑤ 184
정답	172

파이썬 검증)

검증법 요약	조건을 만족하는 1부터 999까지의 a_1의 값을 모두 출력

코드	sum = 0　# 조건을 만족하는 수열 a_n의 초항을 누적할 변수 sum에 0 입력
	
	for a1 in range(1, 1000) :　# a1의 값을 1부터 999까지 변화
	　a = [0]　# 리스트 a를 정의하고, a[0]에 0 입력 ($a_0 = 0$)
	　a.append(a1)　# a[1]에 a1값 입력 ($a_1 = a1$)
	　for i in range(2, 20) :　# i의 값을 2부터 19까지 변화
	　　if (a[i-1]%2) == 0 :　# a[i-1]의 값을 2로 나눈 나머지가 0이면(a_{i-1}이 짝수이면)
	　　　a.append(a[i-1]/2)　# 리스트 a에 $\dfrac{a[i-1]}{2}$ 값 추가 ($a_i = \dfrac{a_{i-1}}{2}$)
	　　else :　# 그렇지 않으면(a_{i-1}이 홀수이면)
	　　　a.append(a[i-1]+1)　# 리스트 a에 $a[i-1]+1$ 값 추가입력 ($a_i = a_{i-1} + 1$)
	　if (a[2]+a[4])==40 :　# a[2]의 값과 a[4]의 값의 합이 40이면
	　　sum += a1　# sum에 a1의 값 누적
	
	print(sum)　# sum 출력

출력	172

출력되는 값을 문제의 조건 및 정답과 비교하여 검증

[2024학년도 9모평 14번]

문제	두 자연수 a, b에 대하여 함수 $f(x) = \begin{cases} 2^{x+a} + b & (x \leq -8) \\ -3^{x-3} + 8 & (x > -8) \end{cases}$ 이 다음 조건을 만족시킬 때, $a+b$의 값은? [4점] 집합 $\{f(x) \mid x \leq k\}$의 원소 중 정수인 것의 개수가 2가 되도록 하는 모든 실수 k의 값의 범위는 $3 \leq k \leq 4$이다. ① 172 ② 175 ③ 178 ④ 181 ⑤ 184
정답	172

지오지브라 검증)

검증법 요약	조건을 만족하도록 함수의 그래프를 그렸을 때 두 자연수 a, b의 값 확인

	<입력창에 넣을 수식>	<수식의 수학적 의미>
입력	a = 슬라이더(1, 10, 1)	$1 \leq a \leq 10$인 a 정의
	b = 슬라이더(1, 10, 1)	$1 \leq b \leq 10$인 b 정의
	f: 조건(x<=-8, 2^(x+a) + b, -3^(x-3) + 8)	함수 $f(x) = \begin{cases} 2^{x+a} + b & (x \leq -8) \\ -3^{x-3} + 8 & (x > -8) \end{cases}$ 작도
	p1: x = 3	직선 $p1 : x = 3$ 작도
	p2: x = 4	직선 $p2 : x = 4$ 작도
	P = 교점(f, p1)	함수 $y = f(x)$와 직선 $p1$과의 교점 P 작도
	Q = 교점(f, p2)	함수 $y = f(x)$와 직선 $p2$과의 교점 Q 작도
	q1: 수직선(P, p1)	점 P에서 직선 $p1$에 수직인 직선 $q1$ 작도
	q2: 수직선(Q, p2)	점 Q에서 직선 $p2$에 수직인 직선 $q2$ 작도
	선스타일설정(q2, 3)	직선 $q2$를 점선으로 표시
	k = f(-8)	$k = f(-8)$ 계산값 입력

마우스	$k=3$일 때 $\{f(x) \mid -8 < x \leq k\}$의 원소 중 정수의 집합이 $\{7\}$, $3 < k < 4$일 때 $\{f(x) \mid -8 < x \leq k\}$의 원소 중 정수의 집합이 $\{6, 7\}$이므로 $\{f(x) \mid x \leq -8\}$의 원소 중 정수의 집합이 $\{6\}$이 되도록 $f(-8)$의 값을 보며 두 변수 a, b의 값 조정
화면	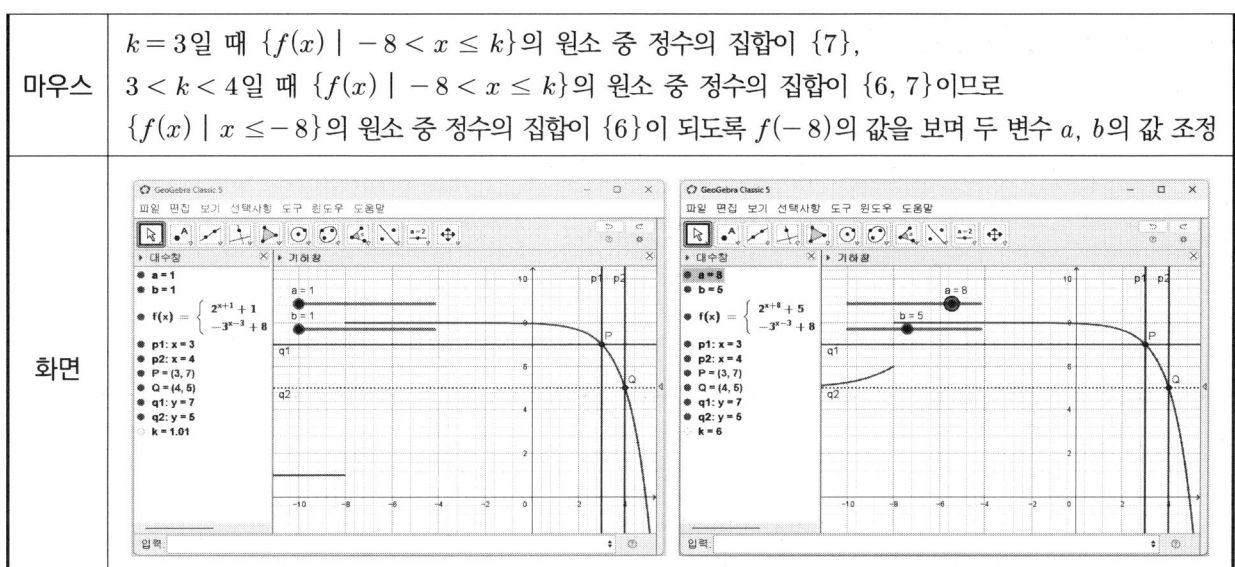

a와 b의 값의 합을 정답과 비교하여 검증

[2024학년도 9모평 15번]

문제	최고차항의 계수가 1인 삼차함수 $f(x)$에 대하여 함수 $g(x)$를 $$g(x)=\begin{cases} \dfrac{f(x+3)\{f(x)+1\}}{f(x)} & (f(x) \neq 0) \\ 3 & (f(x)=0) \end{cases}$$ 이라 하자. $\lim\limits_{x \to 3} g(x) = g(3) - 1$일 때, $g(5)$의 값은? [4점] ① 14 ② 16 ③ 18 ④ 20 ⑤ 22
정답	20

지오지브라 검증)

검증법 요약	조건을 만족하는 함수 $f(x)$의 식을 찾아 $g(5)$의 값 확인

	〈입력창에 넣을 수식〉	〈수식의 수학적 의미〉
입력	a = 슬라이더(-50, 50, 1)	$-50 \leq a \leq 50$인 a 정의
	f: y = (x-3)(x-0)(x-a)	$\lim\limits_{x \to 3} g(x) = g(3)-1$에서 $f(x)$와 $f(x+3)$이 각각 $x-3$을 인수로 가져야 하므로 $f : y = (x-3)(x-0)(x-a)$ 또는 $y = (x-3)(x-6)(x-a)$ 이 중 함수 $f : y = (x-3)(x-0)(x-a)$ 작도
	g: y = f(x+3) * (f(x)+1) / f(x)	함수 $g : y = \dfrac{f(x+3)\{f(x)+1\}}{f(x)}$ 작도
	g3 = g(3)	$g3 = g(3)$ 계산값 입력
	g299 = g(2.999)	$g(3)$의 값이 존재하지 않으므로 $g299 = g(2.999)$, $g301 = g(3.001)$ 계산값 입력
	g301 = g(3.001)	
화면		

마우스	$\lim_{x \to 3} g(x) = g(3) - 1$에서 $g(3) = 3$이어야 하므로 $g299$, $g301$의 값이 2에 근접하도록 a의 값을 조절해보며 $g299$, $g301$의 값이 2가 될 수 없음을 확인
화면	
마우스	대수창에서 함수 f를 더블클릭하여 식을 (x-3) (x-6) (x-a) 로 수정
화면	
마우스	$g299$, $g301$의 값이 2에 근접하도록 a의 값을 조절
화면	

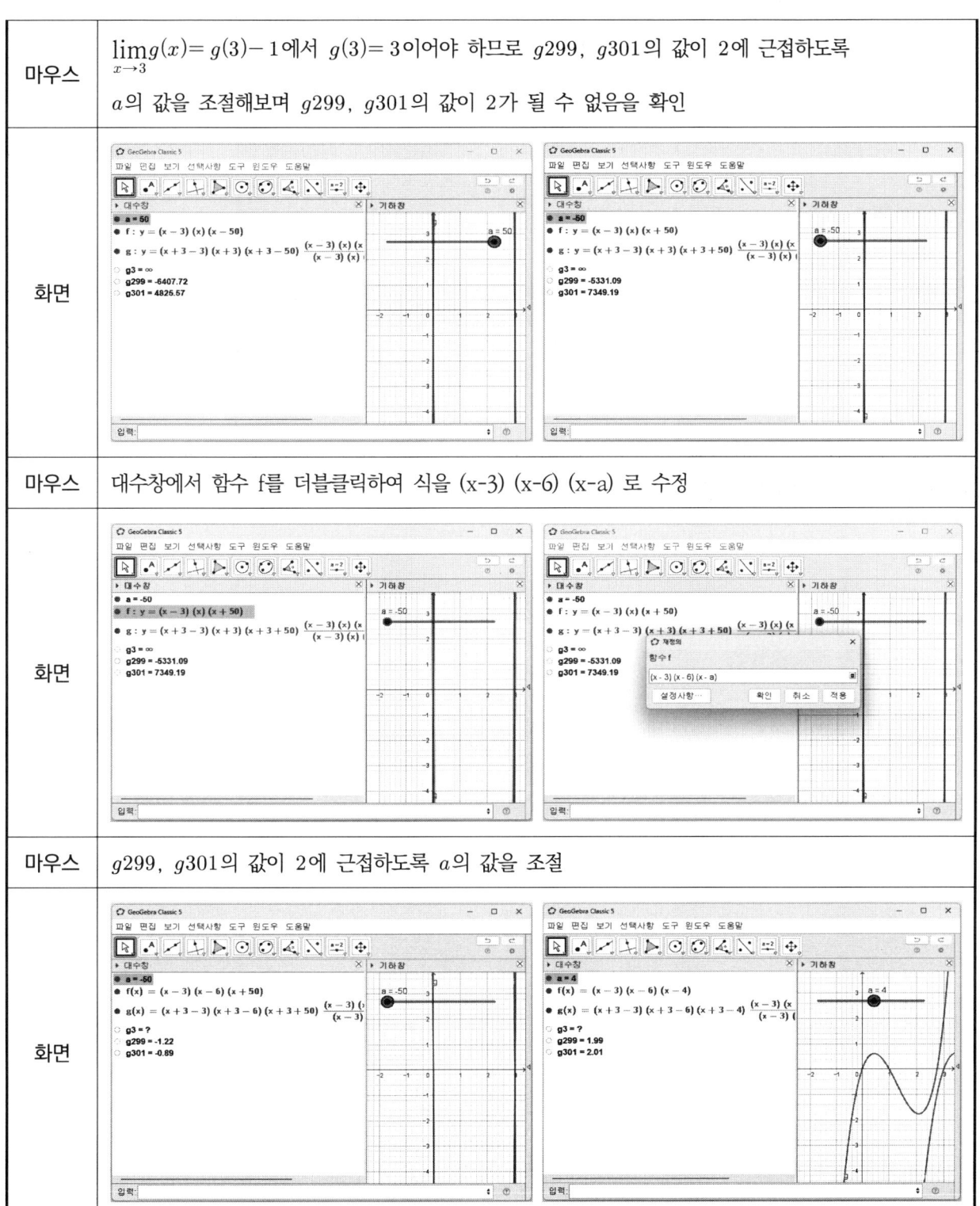

입력	⟨입력창에 넣을 수식⟩	⟨수식의 수학적 의미⟩
	ans = g(5)	ans에 $g(5)$ 계산값 입력
화면	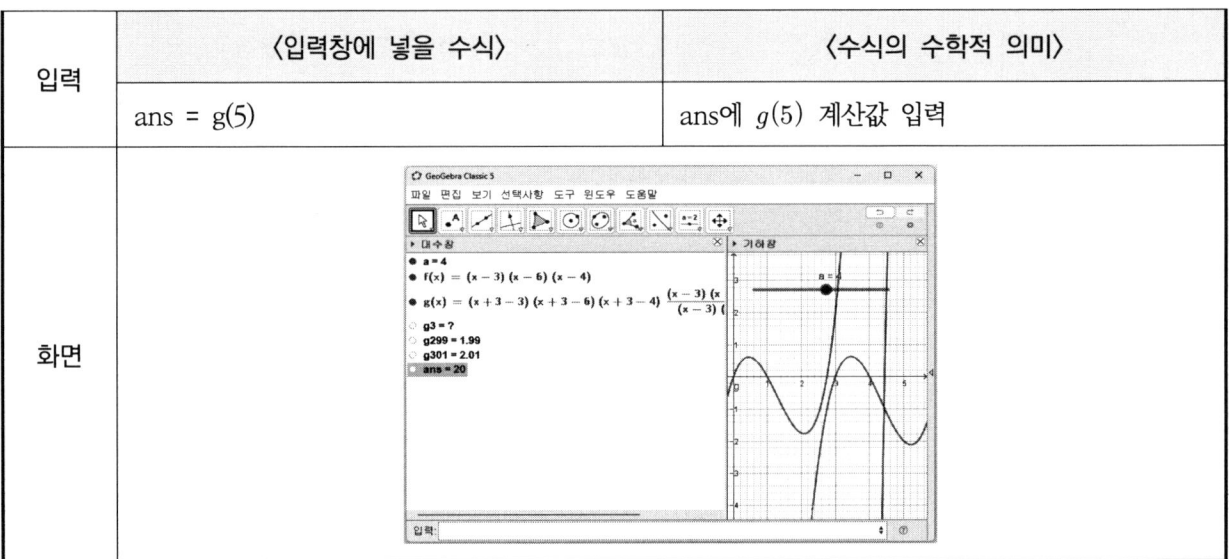	

ans의 값을 정답과 비교하여 검증

[2024학년도 9모평 16번]

문제	방정식 $\log_2(x-1) = \log_4(13+2x)$를 만족시키는 실수 x의 값을 구하시오. [3점]
정답	6

지오지브라 검증)

검증법 요약	두 함수의 그래프의 교점 구하기

	〈입력창에 넣을 수식〉	〈수식의 수학적 의미〉
입력	f: y = log(2, x-1)	함수 $f(x) = \log_2(x-1)$ 작도
	g: y = log(4, 13+2x)	함수 $g(x) = \log_4(13+2x)$ 작도
	A = 교점(f, g, 0, 10)	$0 < x < 10$에서 두 함수 $y = f(x)$, $y = g(x)$의 교점 A 생성
화면	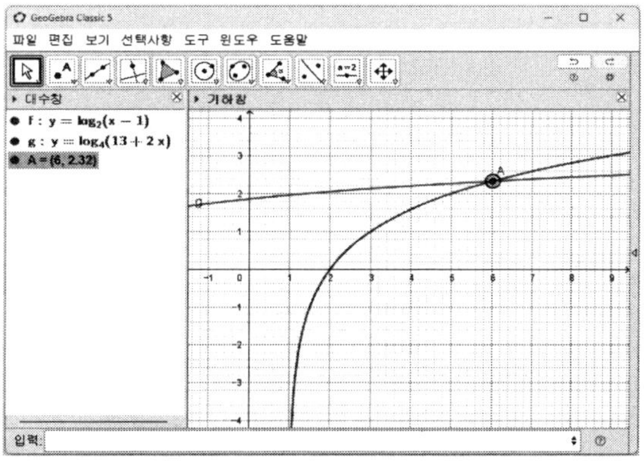 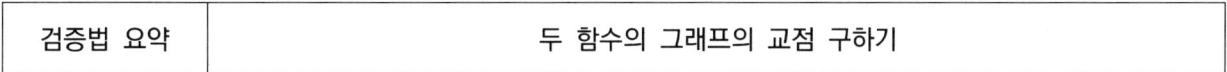	

교점의 x좌표를 정답과 비교하여 검증

[2024학년도 9모평 17번]

문제	두 수열 $\{a_n\}$, $\{b_n\}$에 대하여 $\sum_{k=1}^{10}(2a_k - b_k) = 34$, $\sum_{k=1}^{10}a_k = 10$일 때, $\sum_{k=1}^{10}(a_k - b_k)$의 값을 구하시오. [3점]
정답	24

지오지브라 검증)

검증법 요약	수열의 합을 치환하여 두 직선의 교점 구하기

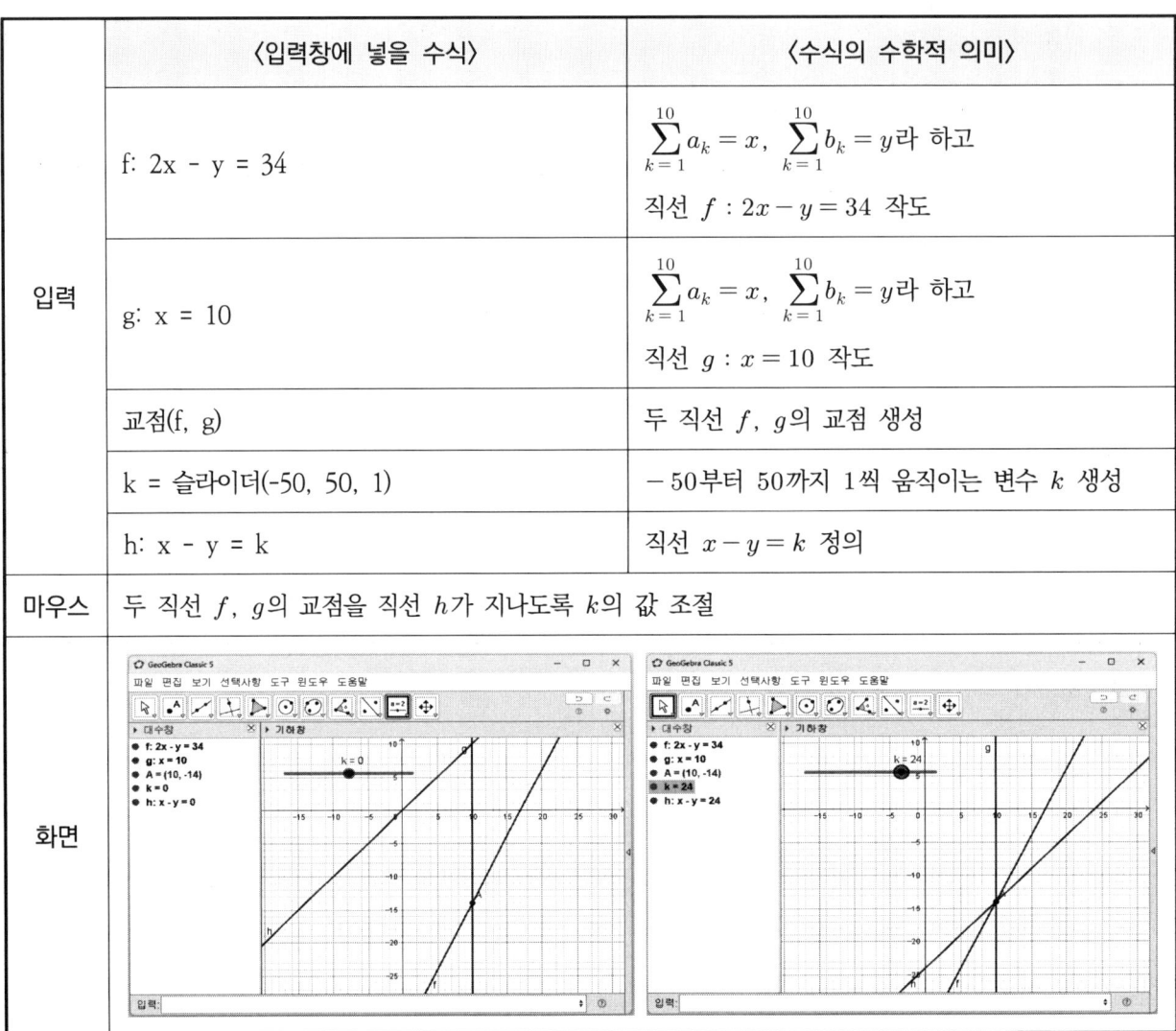

두 직선 f, g의 교점을 직선 h가 지날 때의 k값을 정답과 비교하여 검증

[2024학년도 9모평 18번]

문제	함수 $f(x)=(x^2+1)(x^2+ax+3)$에 대하여 $f'(1)=32$일 때, 상수 a의 값을 구하시오. [3점]
정답	5

지오지브라 검증)

검증법 요약	두 함수의 그래프의 교점 구하기

	〈입력창에 넣을 수식〉	〈수식의 수학적 의미〉
입력	a = 슬라이더(-50, 50, 1)	-50부터 50까지 1씩 움직이는 변수 a 생성
	f: y = (x^2 + 1)(x^2 + ax +3)	함수 $f : y=(x^2+1)(x^2+ax+3)$ 작도
	g: 미분(f)	함수 $g : y=f'(x)$ 작도
	k = g(1)	$k=g(1)$ 계산값 입력
마우스	k의 값이 32가 되도록 a의 값 조절	
화면	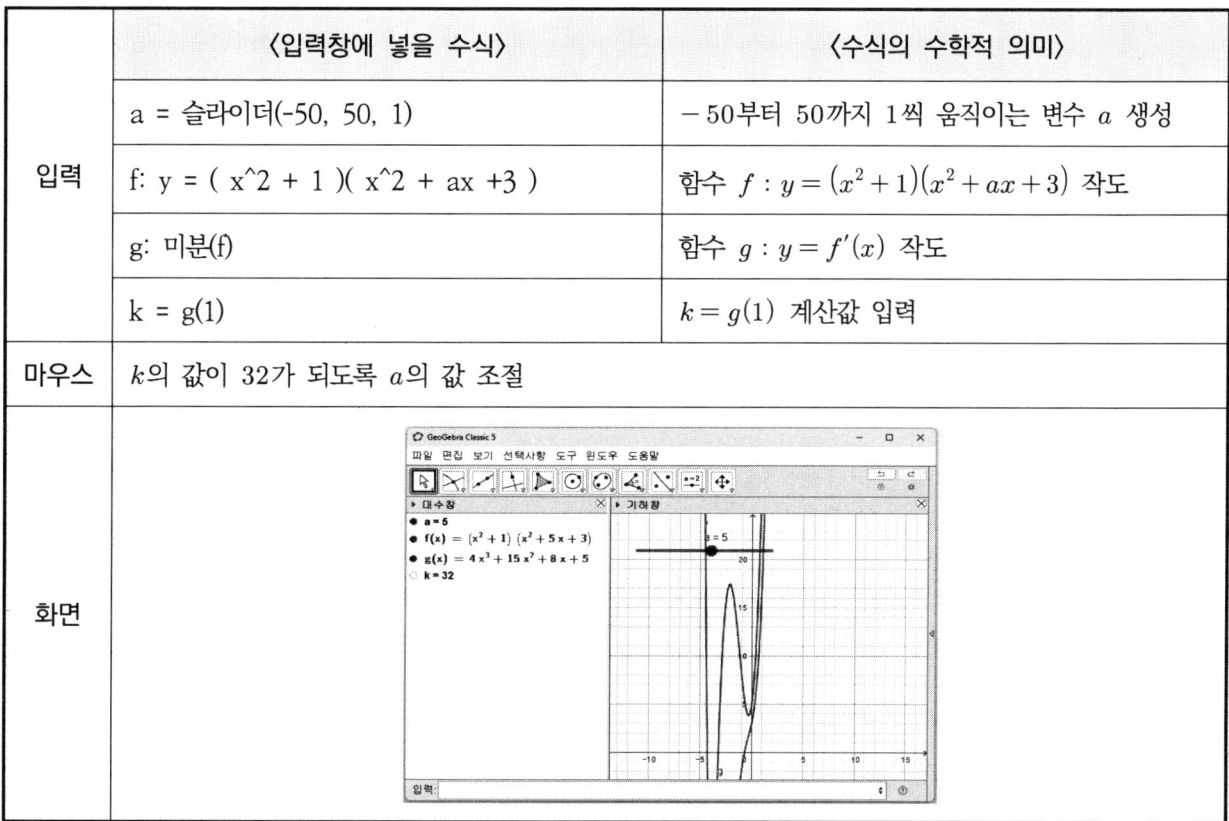	

k의 값이 32가 되게 하는 a의 값을 정답과 비교하여 검증

[2024학년도 9모평 19번]

문제	두 곡선 $y = 3x^3 - 7x^2$과 $y = -x^2$으로 둘러싸인 부분의 넓이를 구하시오. [3점]
정답	4

지오지브라 검증)

검증법 요약	정적분의 넓이 계산하기

	〈입력창에 넣을 수식〉	〈수식의 수학적 의미〉
입력	f: y = 3x^3 - 7x^2	함수 $f : y = 3x^3 - 7x^2$ 작도
	g: y = -x^2	함수 $g : y = -x^2$ 작도
	P = 교점(f, g)	두 함수 $y = f(x)$, $y = g(x)$의 교점 P_1, P_2 생성
	ans = 적분차(g, f, 0, 2)	두 함수의 교점의 x좌표가 0, 2이고 $0 \leq x \leq 2$에서 $g(x) \geq f(x)$이므로 ans에 $\int_0^2 \{g(x) - f(x)\}dx$ 계산값 입력
마우스	k의 값이 32가 되도록 a의 값 조절	
화면	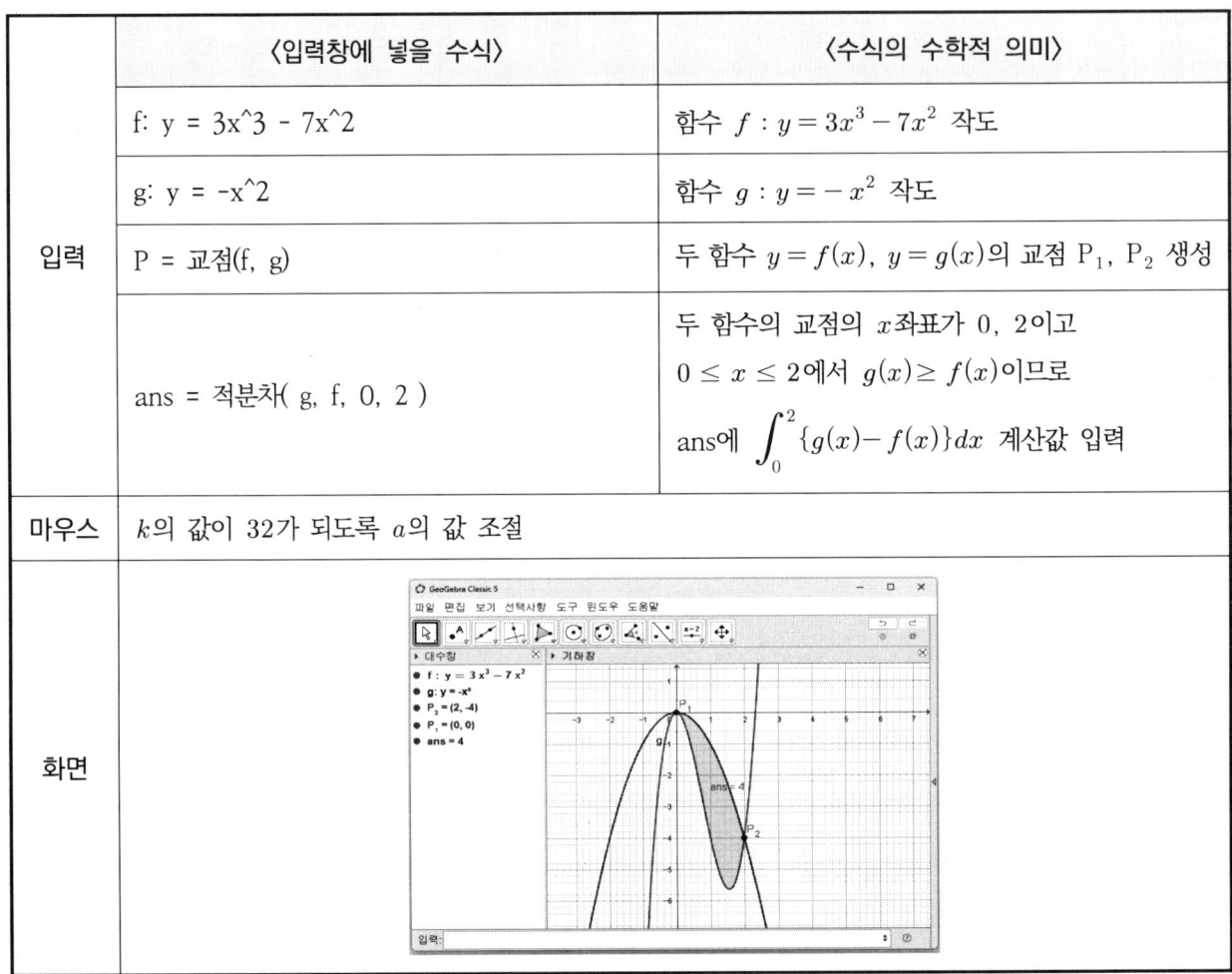	

출력되는 ans의 값을 정답과 비교하여 검증

[2024학년도 9모평 20번]

문제	그림과 같이 $\overline{AB}=2$, $\overline{AD}=1$, $\angle DAB = \dfrac{2}{3}\pi$, $\angle BCD = \dfrac{3}{4}\pi$인 사각형 ABCD가 있다. 삼각형 BCD의 외접원의 반지름의 길이를 R_1, 삼각형 ABD의 외접원의 반지름의 길이를 R_2라 하자. 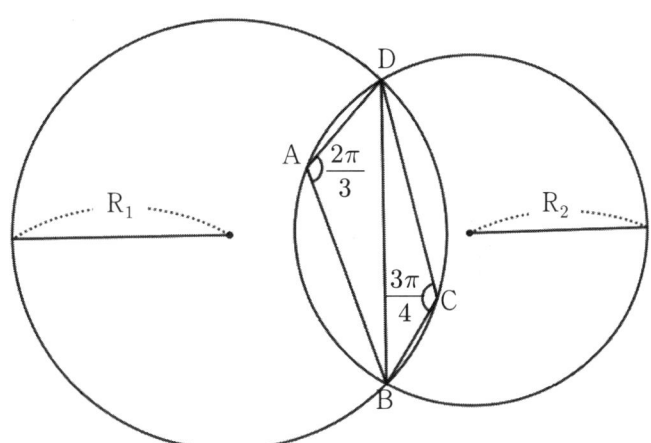 다음은 $R_1 \times R_2$를 구하는 과정이다. 삼각형 BCD에서 사인법칙에 의하여 $R_1 = \dfrac{\sqrt{2}}{2} \times \overline{BD}$이고, 삼각형 ABD에서 사인법칙에 의하여 $R_2 = \boxed{\text{(가)}} \times \overline{BD}$이다. 삼각형 ABD에서 코사인법칙에 의하여 $\overline{BD}^2 = 2^2 + 1^2 - \boxed{\text{(나)}}$이므로 $R_1 \times R_2 = \boxed{\text{(다)}}$이다. 위의 (가), (나), (다)에 알맞은 수를 각각 p, q, r이라 할 때, $9 \times (p \times q \times r)^2$의 값을 구하시오. [4점]
정답	(가): $\dfrac{\sqrt{3}}{3}$, (나): -2, (다): $\dfrac{7\sqrt{6}}{6}$ 이므로 $9 \times (p \times q \times r)^2 = 98$

지오지브라 검증)

검증법 요약	주어진 조건대로 도형을 작도하여 $R_1 \times R_2$의 값 계산

	〈입력창에 넣을 수식〉	〈수식의 수학적 의미〉
입력	B(0, 0)	점 B 작도
	c1: x^2 + y^2 = 4	원 $c1: x^2 + y^2 = 4$ 작도
	A = 점(c1)	원 $c1$ 위의 점 A 작도

	X = 회전(B, 2pi/3, A)	$\angle BAX = \dfrac{2\pi}{3}$이 되도록 점 X 작도
	α = 각(B, A, X)	$\angle BAX$의 크기 표시
	c2: 원(A, 1)	중심이 점 A, 반지름의 길이 1인 원 $c2$ 작도
	p1: 선분(A, X)	선분 $p1$을 선분 $\overline{AX}$로 작도
	C = 교점(c2, p1)	원 $c2$와 선분 $p1$의 교점 C 작도

화면	

	〈입력창에 넣을 수식〉	〈수식의 수학적 의미〉
입력	보이기설정(c1, 1, false)	불필요한 도형 보이지 않게 숨김
	보이기설정(c2, 1, false)	
	보이기설정(p1, 1, false)	
	보이기설정(X, 1, false)	

마우스	[이동] 클릭, 점 A의 위치를 이동하여 점 C의 x좌표가 0이 되게 조정

화면	

	〈입력창에 넣을 수식〉	〈수식의 수학적 의미〉
입력	p2 = 선분(A, B)	선분 $\overline{AB}$인 $p2$ 작도
	p3 = 선분(B, C)	선분 $\overline{BC}$인 $p3$ 작도
	p4 = 선분(C, A)	선분 $\overline{CA}$인 $p4$ 작도
	c3: 원(A, B, C)	세 점 A, B, C를 지나는 원 $c3$ 작도
	p5: 수직이등분선(B, C)	선분 $\overline{BC}$의 수직이등분선인 $p5$ 작도
	R1 = p3 * sqrt(2) / 2	R1에 $\overline{BC} \times \dfrac{\sqrt{2}}{2}$ 계산값 입력
	c4: 원(C, R1)	중심이 점 C, 반지름의 길이 R1인 원 $c4$ 작도
	교점(p5, c4)	직선 $p5$와 원 $c4$의 교점 생성
	보이기설정(c4, 1, false)	
	보이기설정(p5, 1, false)	불필요한 도형 보이지 않게 숨김
	보이기설정(D, 1, false)	
화면		

	〈입력창에 넣을 수식〉	〈수식의 수학적 의미〉
입력	c5: 원(E, C)	중심이 점 E이고 점 C를 지나는 원 $c5$ 작도
	ans1 = sqrt(2.33 * 3.5)	원 $c3$에서 $R1^2 = 2.33$, 원 $c4$에서 $R2^2 = 3.5$이므로 ans1에 $\sqrt{2.33 \times 3.5}$ 계산값 입력
	ans2 = 7sqrt(6) / 6	ans2에 $\dfrac{7\sqrt{6}}{6}$ 계산값 입력

화면	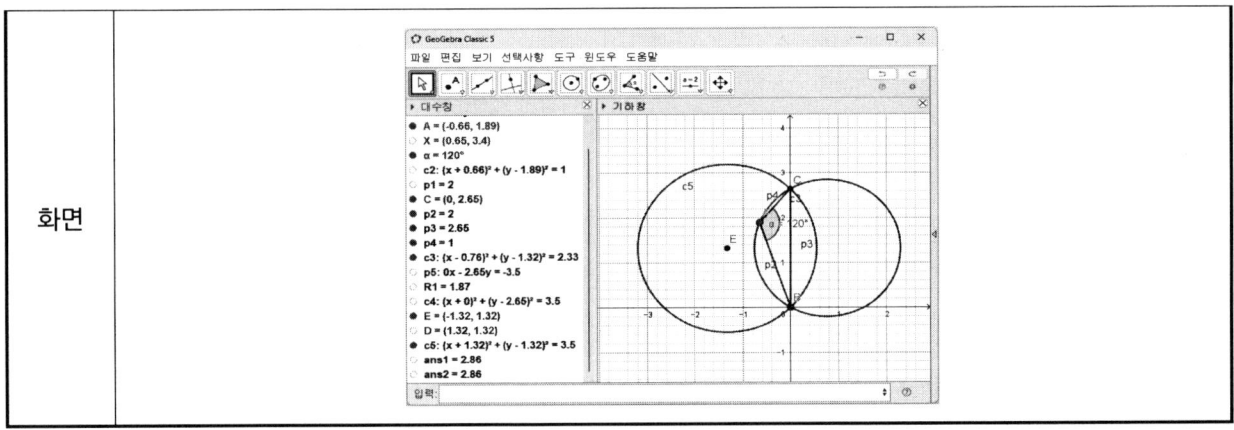

출력되는 ans1의 값을 ans2의 값과 비교하여 검증

[2024학년도 9모평 21번]

문제	모든 항이 자연수인 등차수열 $\{a_n\}$의 첫째항부터 제n항까지의 합을 S_n이라 하자. a_7이 13의 배수이고 $\sum_{k=1}^{7} S_k = 644$일 때, a_2의 값을 구하시오. [4점]
정답	19

파이썬 검증)

검증법 요약	a_7이 13의 배수이면서 a_1이 자연수인 모든 공차를 찾아 a_2의 값 출력
| 코드 | ```
a = [ 0, 0, 0, 0, 0, 0, 0, 0 ]    # 리스트 a 정의하고 a[0]부터 a[7]까지 0 입력
n = 0    # a_7의 값 정의를 위한 자연수 n 정의

while(n >= 0) :    # n이 양수 또는 0이면 반복실행
  n += 1    # n의 값 1 누적
  a7 = 13 * n    # a_7의 값을 13×n으로 정의
  d = 0    # 공차 d를 0으로 정의
  while(a7-6*d > 0) :    # 초항이 양수이면 반복실행
    d += 1    # 공차 d의 값 1 누적
    for i in range(1, 8) :    # i의 값을 1부터 7까지 변화
      a[i] = a7 - d * (7-i)    # a[i]에 a_7 - d×(7-i) 계산값 입력
    if a[1] > 0 :    # 초항 a[1]이 양수이면
      sum_sn = 0    # ∑_{k=1}^{7} S_k의 값을 담을 변수 sum_sn에 0 입력
      for j in range(1, 8) :    # 변수 j를 1부터 7까지 변화
        for k in range(1, j+1) :    # 변수 k를 1부터 j까지 변화
          sum_sn += a[k]    # sum_sn에 a[k]의 값 누적
      if sum_sn == 644 :    # sum_sn이 644이면
        print(a[1]+d)    # a_2 출력
    if max(a) > 644 :    # a_1, a_2, ⋯, a_7 중 최댓값이 644보다 크면
      n = -1    # n에 음수를 넣어 반복문 중단
      break    # while 반복문 중단
``` |
| 출력 | 19 |

출력되는 수열의 초항과 공차의 값을 문제의 조건 및 정답과 비교하여 검증
```

[2024학년도 9모평 22번]

문제	두 다항함수 $f(x)$, $g(x)$에 대하여 $f(x)$의 한 부정적분을 $F(x)$라 하고 $g(x)$의 한 부정적분을 $G(x)$라 할 때, 이 함수들은 모든 실수 x에 대하여 다음 조건을 만족시킨다. (가) $\int_1^x f(t)dt = xf(x) - 2x^2 - 1$ (나) $f(x)G(x) + F(x)g(x) = 8x^3 + 3x^2 + 1$ $\int_1^3 g(x)dx$의 값을 구하시오. [4점]
정답	10

지오지브라 검증)

검증법 요약	주어진 조건의 두 함수 $f(x)$, $g(x)$ 식 찾기

	〈입력창에 넣을 수식〉	〈수식의 수학적 의미〉
입력	f: y = 4x - 1	(가)에서 f는 1차이고, $f'(x) = 4$, $f(1) = 3$이므로 함수 $f : y = 4x - 1$ 작도
	a = 슬라이더(-10, 10, 0.01)	$-10 \leq a \leq 10$인 a 정의
	b = 슬라이더(-10, 10, 0.01)	$-10 \leq b \leq 10$인 b 정의
	g: y = ax + b	(나)에서 g는 일차이므로 $g : y = ax + b$ 작도
	C_1 = 슬라이더(-10, 10, 0.01)	$-10 \leq C_1 \leq 10$인 C_1 정의
	C_2 = 슬라이더(-10, 10, 0.01)	$-10 \leq C_2 \leq 10$인 C_2 정의
	F = 적분(f) + C_1	함수 $F(x) = \int f(x)dx + C_1$ 작도
	G = 적분(g) + C_2	함수 $G(x) = \int g(x)dx + C_2$ 작도
	h(x) = f(x)*G(x) + F(x)*g(x)	함수 $h(x) = f(x)G(x) + F(x)g(x)$ 작도

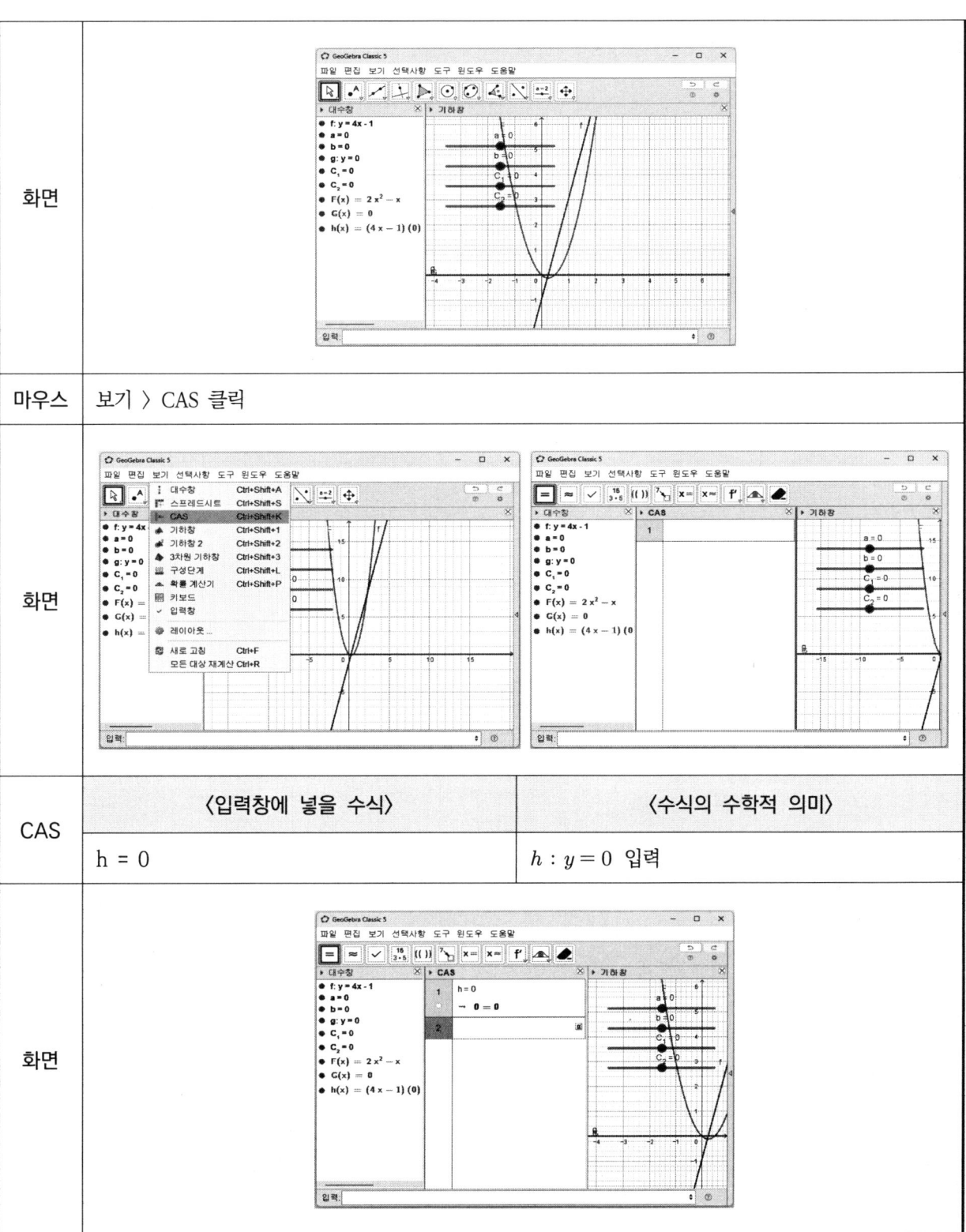

마우스	CAS 창의 $h(x)$의 식이 $8x^3$으로 시작하도록 a의 값 조정
	CAS 창의 $h(x)$의 식이 $8x^3 + 3x^2$으로 시작하도록 b의 값 조정
화면	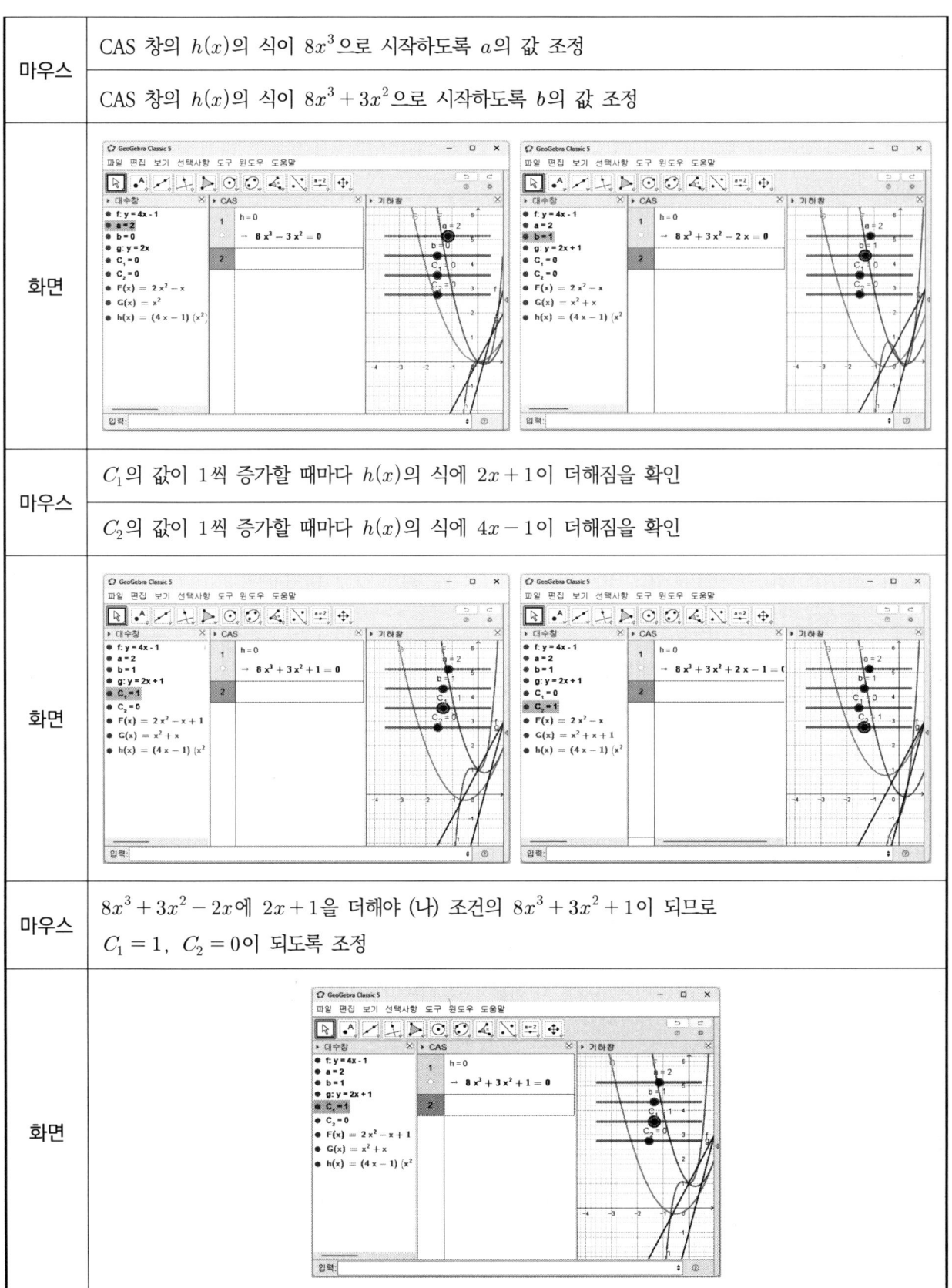
마우스	C_1의 값이 1씩 증가할 때마다 $h(x)$의 식에 $2x+1$이 더해짐을 확인
	C_2의 값이 1씩 증가할 때마다 $h(x)$의 식에 $4x-1$이 더해짐을 확인
화면	
마우스	$8x^3 + 3x^2 - 2x$에 $2x+1$을 더해야 (나) 조건의 $8x^3 + 3x^2 + 1$이 되므로 $C_1 = 1$, $C_2 = 0$이 되도록 조정
화면	

입력	⟨입력창에 넣을 수식⟩	⟨수식의 수학적 의미⟩
	ans = 적분차(g, 0, 1, 3)	ans에 $\int_1^3 g(x)dx$ 계산값 입력
화면		

출력되는 ans의 값을 정답과 비교하여 검증

[2024학년도 9모평 확률과통계26번]

문제	어느 고등학교의 수학 시험에 응시한 수험생의 시험 점수는 평균이 68점, 표준편차가 10점인 정규분포를 따른다고 한다. 이 수학 시험에 응시한 수험생 중 임의로 선택한 수험생 한 명의 시험 점수가 55점 이상이고 78점 이하일 확률을 오른쪽 표준정규분포표를 이용하여 구한 것은? [3점] ① 0.7262 ② 0.7445 ③ 0.7492 ④ 0.7675 ⑤ 0.7881	z | $P(0 \leq Z \leq z)$ 1.0 | 0.3413 1.1 | 0.3643 1.2 | 0.3849 1.3 | 0.4032
정답	0.7445	

파이썬 검증)

검증법 요약	표준정규분포 라이브러리를 이용해 확률값을 계산하여 출력
코드	```from scipy.stats import norm # 수학 함수 라이브러리 호출

mean = 68   # 정규분포의 평균값
std_v = 10   # 정규분포의 표준편차값
ans = round(norm.cdf(78, mean, std_v) - norm.cdf(55, mean, std_v) , 4)
    # P(X < 78) − P(X < 55)의 값을 소수점 넷째 자리까지 구한 값 계산

print(ans)   # ans 변수의 값 출력``` |
| 출력 | 0.7445 |

출력되는 수열의 초항과 공차의 값을 문제의 조건 및 정답과 비교하여 검증

[2024학년도 9모평 확률과통계27번]

문제	두 집합 $X = \{1, 2, 3, 4\}$, $Y = \{1, 2, 3, 4, 5, 6, 7\}$에 대하여 X에서 Y로의 모든 일대일함수 f 중에서 임의로 하나를 선택할 때, 이 함수가 다음 조건을 만족시킬 확률은? [3점] (가) $f(2) = 2$ (나) $f(1) \times f(2) \times f(3) \times f(4)$는 4의 배수이다. ① $\dfrac{1}{14}$ ② $\dfrac{3}{35}$ ③ $\dfrac{1}{10}$ ④ $\dfrac{4}{35}$ ⑤ $\dfrac{9}{70}$
정답	$\dfrac{4}{35}$

파이썬 검증)

검증법 요약	$f(1), f(3), f(4)$의 모든 경우에서 주어진 조건 만족하는 경우를 세어 확률값 계산

| 코드 | ```python
import math    # 파이썬 수학 모듈 읽기

count_total = math.perm(7, 4)    # count_total에 ₇P₄의 값 입력(일대일함수의 전체 경우의 수)
count = 0    # 사건의 경우의 수를 셀 변수 count에 0 입력
no = set()    # 집합 no 정의

for a in range(1, 8) :    # a(f(1))의 값을 1부터 7까지 변화시키기
    for c in range(1, 8) :    # c(f(3))의 값을 1부터 7까지 변화시키기
        for d in range(1, 8) :    # d(f(4))의 값을 1부터 7까지 변화시키기
            no.clear()    # 집합 no 내용 삭제
            no.update([a, 2, c, d])    # 집합 no에 a, 2, c, d의 값 입력
            if len(no) == 4 :  # 일대일함수 조건 (a,b,c,d의 값이 모두 다르면)
                if ((a*2*c*d)%4) == 0 :    # a*2*c*d(f(1)×f(2)×f(3)×f(4))의 값을 4로 나눈 나머지가 0이면 (4의 배수이면)
                    count += 1    # count 변수에 1 누적

gcd = math.gcd(count, count_total)    # 변수 gcd에 count와 total_count의 최대공약수 입력
print(int(count/gcd), '/', int(count_total/gcd)) # 확률값의 분자, 분모 표현을 위해 사건의 경우의 수와 전체 경우의 수를 각각 최대공약수로 나눈 정수값 출력
``` |
|---|---|
| 출력 | 4 / 35 |

출력되는 값을 문제의 조건 및 정답과 비교하여 검증
```

[2024학년도 9모평 확률과통계28번]

문제	주머니 A에는 숫자 1, 2, 3이 하나씩 적힌 3개의 공이 들어 있고, 주머니 B에는 숫자 1, 2, 3, 4가 하나씩 적힌 4개의 공이 들어 있다. 두 주머니 A, B와 한 개의 주사위를 사용하여 다음 시행을 한다. 주사위를 한 번 던져 나온 눈의 수가 3의 배수이면 주머니 A에서 임의로 2개의 공을 동시에 꺼내고, 눈의 수가 3의 배수가 아니면 주머니 B에서 임의로 2개의 공을 동시에 꺼낸다. 꺼낸 2개의 공에 적혀 있는 수의 차를 기록한 후, 공을 꺼낸 주머니에 이 2개의 공을 다시 넣는다. 이 시행을 2번 반복하여 기록한 두 개의 수의 평균을 $\overline{X}$라 할 때, $P(\overline{X}=2)$의 값은? [4점] ① $\dfrac{11}{81}$ ② $\dfrac{13}{81}$ ③ $\dfrac{5}{27}$ ④ $\dfrac{17}{81}$ ⑤ $\dfrac{19}{81}$
정답	$\dfrac{19}{81}$

파이썬 검증)

검증법 요약	모든 경우를 세어 주머니 A와 주머니 B에서 각각 두 개의 공을 꺼낸 이산확률변수를 각각 리스트 a와 리스트 b에 입력하고, 이를 이용해 주어진 조건과 $\overline{X}=2$인 경우를 리스트 x에 구하여 확률값 계산

코드	<pre>a = [0, 0, 0] # 주머니 A의 공의 값의 차이의 빈도를 담을 리스트 a 정의
	b = [0, 0, 0, 0] # 주머니 B의 공의 값의 차이의 빈도를 담을 리스트 b 정의
	x = [0, 0, 0, 0] # 1번 시행할 때 시행값의 확률을 담을 리스트 x 정의
	
	sum_a = 0 # 주머니 A의 공의 값의 차이의 빈도의 합을 담을 변수 sum_a 정의
	sum_b = 0 # 주머니 B의 공의 값의 차이의 빈도의 합을 담을 변수 sum_b 정의
	
	for i in range(1, 4) : # i의 값을 1부터 3까지 변화
	    for j in range(i+1, 4) : # j의 값을 i+1부터 3까지 변화
	        a[abs(i-j)] += 1 # |i-j| 번째 리스트에 1씩 누적하여 빈도 계산
	        sum_a += 1 # 주머니 A의 공의 값이 차이의 빈도를 누적하여 빈도의 합 계산
	for i in range(1, 5) : # i의 값을 1부터 4까지 변화
	    for j in range(i+1, 5): # j의 값을 i+1부터 4까지 변화
	        b[abs(i-j)] += 1 # |i-j| 번째 리스트에 1씩 누적하여 빈도 계산
	        sum_b += 1 # 주머니 B의 공의 값이 차이의 빈도를 누적하여 빈도의 합 계산</pre>

```
for i in range(0, 3):    # i의 값을 0부터 2까지 변화
    a[i] /= sum_a    # 리스트 a의 모든 값을 sum_a로 나누어 경우의 수를 확률값으로 변경
for i in range(0, 4):    # i의 값을 0부터 3까지 변화
    b[i] /= sum_b    # 리스트 b의 모든 값을 sum_b로 나누어 경우의 수를 확률값으로 변경

no_mod3 = 0    # 3의 배수의 개수를 세는 변수 no_mod3 정의
no_not_mod3 = 0    # 3의 배수가 아닌 개수를 세는 변수 no_not_mod3 정의
for i in range(1, 7) :    # 변수 i를 1부터 6까지 변화
    if i % 3 == 0 :    # i를 3으로 나눈 나머지가 0이면(3의 배수이면)
        no_mod3 += 1    # no_mod3에 1 누적
    else :    # i가 3의 배수가 아니면
        no_not_mod3 += 1    # no_not_mod3에 1 누적

for i in range(0, 4) :    # i의 값을 0부터 3까지 변화
    if i != 3 :    # i가 3이 아니면
        x[i] = ( a[i] * no_mod3 + b[i] * no_not_mod3 ) / (no_mod3 + no_not_mod3)
        # 리스트 a에 no_mod3 빈도만큼, 리스트 b에 no_not_mod3 빈도만큼 곱하여 1회 시행 시의 확률값 계산
    else :    # i가 3이 아니면
        x[i] = ( b[i] * no_not_mod3 ) / (no_mod3 + no_not_mod3)
        # a[3]은 정의되지 않았으므로 리스트 b에만 no_not_mod3 빈도만큼 곱하여 1회 시행 시의 확률값 계산

ans = 0    # 정답을 계산할 변수 정의
for i in range(0, 4) :    # i의 값을 0부터 3까지 변화
    for j in range(0, 4) :    # j의 값을 0부터 3까지 변화
        if (i+j) == 4 :    # i+j의 값이 4이면()
            ans += x[i] * x[j]    # x[i]와 x[j]의 곱을 ans 변수에 누적하여 확률값 계산

print(ans, 19/81)    # ans 변수와 정답인 19/81을 동시에 출력
```

| 출력 | 0.2345679012345679 0.2345679012345679 |

출력되는 값들을 비교하여 검증

[2024학년도 9모평 확률과통계29번]

문제	앞면에는 문자 A, 뒷면에는 문자 B가 적힌 한 장의 카드가 있다. 이 카드와 한 개의 동전을 사용하여 다음 시행을 한다. 동전을 두 번 던져 앞면이 나온 횟수가 2이면 카드를 한 번 뒤집고, 앞면에 나온 횟수가 0 또는 1이면 카드를 그대로 둔다. 처음에 문자 A가 보이도록 카드가 놓여 있을 때, 이 시행을 5번 반복한 후 문자 B가 보이도록 카드가 놓일 확률은 p이다. $128 \times p$의 값을 구하시오. [4점] [A 앞면] [B 뒷면]
정답	62

파이썬 검증)

검증법 요약	동전의 앞면과 뒷면의 횟수에 따라 카드를 뒤집는 횟수를 리스트로 정의하여, 시행을 다섯 번 반복해 조건을 만족하는 경우를 세어 확률값 계산
| 코드 | ```python
pro = [ 0, 0, 0, 1 ]   # 두 개의 동전을 던졌을 때 두 동전이 각각 앞앞, 앞뒤, 뒤앞, 뒤뒤인 경우 카드를 뒤집는 경우만 1로 표현한 리스트 pro 정의
cnt = 0    # 카드 뒷면의 B가 보이는 경우의 수를 세는 변수 cnt 정의

for a in range(0, 4) :    # a의 값을 0부터 3까지 변화
  for b in range(0, 4) :    # b의 값을 0부터 3까지 변화
    for c in range(0, 4) :    # c의 값을 0부터 3까지 변화
      for d in range(0, 4) :    # d의 값을 0부터 3까지 변화
        for e in range(0, 4) :
          # 변수 e의 값을 0부터 3까지 변화 (5번 시행의 모든 경우의 수 세기)
          no = pro[a] + pro[b] + pro[c] + pro[d] + pro[e]
          # 각각의 경우에 대해 뒤집는 회수를 더하여 계산
          if (no % 2) != 0 :    # 각각의 경우의 뒤집는 회수가 홀수이면
            cnt += 1    # cnt 변수에 1을 누적

print(cnt / (4**5) * 128)   # cnt 변수의 값을 전체 경우의 수인 $4^5$로 나누고 128을 곱하여 정답 계산
``` |
| 출력 | 62.0 |

출력되는 값을 문제의 조건 및 정답과 비교하여 검증
```

[2024학년도 9모평 확률과통계30번]

문제	다음 조건을 만족시키는 13 이하의 자연수 a, b, c, d의 모든 순서쌍 (a, b, c, d)의 개수를 구하시오. [4점] (가) $a \leq b \leq c \leq d$ (나) $a \times d$는 홀수이고, $b+c$는 짝수이다.
정답	336

파이썬 검증)

검증법 요약	조건을 만족하는 모든 순서쌍의 개수를 출력
코드	```count = 0 # 개수 세는 변수 초기화

for a in range(1, 14) :   # a의 값을 1부터 13까지 변화
  for b in range(a, 14) :   # b의 값을 a부터 13까지 변화
    for c in range(b, 14) :   # c의 값을 b부터 13까지 변화
      for d in range(c, 14) :   # d의 값을 c부터 13까지 변화
        if ((a*d)%2) == 1 and ((b+c)%2) == 0 :   # a*d를 2로 나눈 나머지가 1이고(홀수), b+c를 2로 나눈 나머지가 0(짝수)이면
          count += 1   # count에 1 누적

print(count)   # 총 개수 출력``` |
| 출력 | 336 |

출력되는 값을 문제의 조건 및 정답과 비교하여 검증

[2024학년도 9모평 미적분23번]

문제	$\lim\limits_{x \to 0} \dfrac{e^{7x}-1}{e^{2x}-1}$의 값은? [2점] ① $\dfrac{1}{2}$ ② $\dfrac{3}{2}$ ③ $\dfrac{5}{2}$ ④ $\dfrac{7}{2}$ ⑤ $\dfrac{9}{2}$
정답	$\dfrac{7}{2}$

파이썬 검증)

검증법 요약	i가 증가할 때의 $x = \pm \dfrac{1}{10^i}$에 대해 주어진 함수의 함숫값 출력
| 코드 | ```python
import numpy     # 수학 라이브러리 호출

print("x=0에서의 좌극한")
for i in range(1, 6) :    # i의 값을 1부터 5까지 변화
    x = - 1 / 10**i    # x에 $-\dfrac{1}{10^i}$의 값 입력
    limit = ( numpy.exp(7*x) - 1 ) / ( numpy.exp(2*x) - 1 )    # limit에 $\dfrac{e^{7x}-1}{e^{2x}-1}$ 계산값 입력
    print(limit)    # 변수 limit의 값 출력

print("x=0에서의 우극한")
for i in range(1, 6) :    # i의 값을 1부터 5까지 변화
    x = 1 / 10**i    # x에 $\dfrac{1}{10^i}$의 값 입력
    limit = ( numpy.exp(7*x) - 1 ) / ( numpy.exp(2*x) - 1 )    # limit에 $\dfrac{e^{7x}-1}{e^{2x}-1}$ 계산값 입력
    print(limit)    # 변수 limit의 값 출력

print("정답 출력", 7/2)
``` |
| 출력 | x=0에서의 좌극한
 2.7771654859092507 |
```

3.4142247709652542
3.491267474508617
3.499125174974823
3.499912501751788
x=0에서의 우극한
4.578771808872839
3.589275818246843
3.5087675255502715
3.500875175024657
3.500087501757894
정답 출력 3.5

출력되는 값들이 정답에 근사함으로 검증

[2024학년도 9모평 미적분24번]

문제	매개변수 t로 나타내어진 곡선 $x = t + \cos 2t$, $y = \sin^2 t$에서 $t = \dfrac{\pi}{4}$일 때, $\dfrac{dy}{dx}$의 값은? [3점] ① -2　② -1　③ 0　④ 1　⑤ 2
정답	-1

지오지브라 검증)

검증법 요약	매개변수 방정식과 그 접선을 그려 기울기 확인

	⟨입력창에 넣을 수식⟩	⟨수식의 수학적 의미⟩
입력	f: 곡선(t + cos(2t), (sin t)^2, t, 0, pi/2)	$x = t + \cos 2t$, $y = \sin^2 t$인 매개변수 방정식 f 작도
	t = pi/4	$t = \dfrac{\pi}{4}$ 계산값 입력
	P(t + cos(2t), (sin t)^2)	$t = \dfrac{\pi}{4}$일 때의 점 P 작도
	g: 접선(P, f)	매개변수 방정식으로 그린 도형 f의 점 P에서의 접선 g 작도
	m = 기울기(g)	m에 접선 g의 기울기 입력
화면		

출력되는 m의 값을 정답과 비교하여 검증

[2024학년도 9모평 미적분25번]

문제	함수 $f(x) = x + \ln x$에 대하여 $\int_1^e \left(1 + \frac{1}{x}\right) f(x) dx$의 값은? [3점] ① $\dfrac{e^2}{2} + \dfrac{e}{2}$ ② $\dfrac{e^2}{2} + e$ ③ $\dfrac{e^2}{2} + 2e$ ④ $e^2 + e$ ⑤ $e^2 + 2e$
정답	$\dfrac{e^2}{2} + e$

지오지브라 검증)

검증법 요약	주어진 함수의 정적분을 계산

	〈입력창에 넣을 수식〉	〈수식의 수학적 의미〉
입력	ans1: 적분값((1 + 1/x)(x + ln(x)), 0, 1, e)	ans1에 $\int_1^e \left(1 + \dfrac{1}{x}\right)(x + \ln x) dx$ 계산값 입력
	ans2: (e^2 / 2) + e	ans2에 $\dfrac{e^2}{2} + 2$
화면		

출력되는 ans1의 값을 ans2의 값과 비교하여 검증

[2024학년도 9모평 미적분26번]

문제	공차가 양수인 등차수열 $\{a_n\}$과 등비수열 $\{b_n\}$에 대하여 $a_1 = b_1 = 1$, $a_2 b_2 = 1$이고 $\sum_{n=1}^{\infty} \left(\dfrac{1}{a_n a_{n+1}} + b_n \right) = 2$일 때, $\sum_{n=1}^{\infty} b_n$의 값은? [3점] ① $\dfrac{7}{6}$ ② $\dfrac{6}{5}$ ③ $\dfrac{5}{4}$ ④ $\dfrac{4}{3}$ ⑤ $\dfrac{3}{2}$
정답	$\dfrac{3}{2}$

파이썬 검증)

검증법 요약	등차수열 a_n의 공차를 이용하여 등비수열 b_n을 정의하고 조건을 만족하는 $\sum_{k=1}^{n} b_k$의 값 계산

| 코드 | ```
n = 100     # 급수를 대신하여 유한항의 합을 계산할 항의 개수 100을 변수 n에 입력
diff = 1    # 무한급수와 급수의 유한항의 차이값의 최솟값을 판별한 변수 diff에 1 입력

for i in range(1, 10000) :   # i의 값을 1부터 9999까지 변화
    a = [0, 1]   # 리스트 a에 0과 1 입력 (수열 a_0 = 0, a_1 = 1)
    b = [0, 1]   # 리스트 b에 0과 1 입력 (수열 b_0 = 0, b_1 = 1)
    c = [0]      # 리스트 c에 0 입력 (수열 c_0 = 0)
    d = i / 1000    # d = i/1000 입력 (0.001 ≤ d ≤ 9.999)
    r = 1 / (1 + d)   # a_1 = 1, b_1 = 1, a_2 b_2 = 1에서 r = 1/(1+d) 입력
    sum_b = 0    # 수열 b_n의 합을 계산할 변수 sum_b에 0 입력
    sum_c = 0    # 수열 c_n의 합을 계산할 변수 sum_c에 0 입력
    for k in range(1, n) :   # 변수 k가 1부터 n-1까지 변화
        a.append( a[k] + d )   # 리스트 a에 a[k] + d의 값 추가
        b.append( b[k] * r )   # 리스트 b에 b[k] * r의 값 추가
        sum_b += b[k]   # sum_b에 b[k]의 값 누적
        c.append( 1 / (a[k] * a[k+1]) + b[k] )   # 리스트 c에 1/(a[k]×a[k+1]) + b[k] 추가
        sum_c += c[k]   # sum_c에 c[k]의 값 누적
``` |
|---|---|
```

```
            temp_diff = abs( sum_c - 2 )    # temp_diff에 sum_c와 2의 차이값 입력
            if temp_diff < diff :    # temp_diff < diff 이면
                diff = temp_diff    # diff에 temp_diff의 값 입력
                r_b = r    # r_b에 r의 값 입력 (sum_c와 2의 차이가 최소일 때의 r이 $b_n$의 공비)

    b = [0, 1]    # 리스트 b에 0과 1 입력 (수열 $b_0 = 0$, $b_1 = 1$)
    sum_b = 0    # 수열 $b_n$의 합을 계산할 변수 sum_b에 0 입력
    for i in range(1, n) :    # i의 값을 1부터 n-1까지 변화
        b.append( b[i] * r_b )    # 리스트 b에 b[i] × r_b 값 입력
        sum_b += b[i]    # sum_b에 b[i]의 값 누적 (sum_b=$\sum_{k=1}^{n-1} b_k$)
    print(sum_b)    # sum_b의 값 출력
```

| 출력 | 1.5012531328320802 |

출력되는 값이 정답에 근사함으로 검증

d의 값을 소수점 셋째 자리에서 정의했기에 $\sum_{n=1}^{30} b_n$ 값과 정답의 0.01 정도의 오차는 무시 가능

[2024학년도 9모평 미적분27번]

문제	$x=-\ln 4$에서 $x=1$까지의 곡선 $y=\dfrac{1}{2}(|e^x-1|-e^{|x|}+1)$의 길이는? [3점] ① $\dfrac{23}{8}$ ② $\dfrac{13}{4}$ ③ $\dfrac{29}{8}$ ④ 4 ⑤ $\dfrac{35}{8}$
정답	$\dfrac{23}{8}$

지오지브라 검증)

검증법 요약	곡선의 길이 계산

	〈입력창에 넣을 수식〉	〈수식의 수학적 의미〉
입력	f: y = 1/2 (|e^x -1| - e^|x| +1)	함수 $f(x)=\dfrac{|e^x-1|-e^{|x|}+1}{2}$ 작도
	ans1 = 길이(f, -ln(4), 1)	ans1에 $x=-\ln 4$에서 $x=1$까지의 곡선 $y=f(x)$의 길이 계산값 입력
	ans2 = 23/8	ans2에 $\dfrac{23}{8}$ 계산값 입력
화면	GeoGebra 화면: f: y = 1/2(|e^x-1|-e^|x|+1), ans1 = 2.88, ans2 = 2.88	

출력되는 ans1의 값과 ans2의 값을 비교하여 검증

[2024학년도 9모평 미적분29번]

문제	두 실수 $a, b (a>1, b>1)$이 $\lim_{n\to\infty} \dfrac{3^n + a^{n+1}}{3^{n+1} + a^n} = a$, $\lim_{n\to\infty} \dfrac{a^n + b^{n+1}}{a^{n+1} + b^n} = \dfrac{9}{a}$ 를 만족시킬 때, $a+b$의 값을 구하시오. [4점]
정답	18

파이썬 검증)

검증법 요약	두 변수 a, b의 값을 1부터 100까지 0.1씩 변화시켜 $n=100$일 때의 함숫값과 극한값의 오차가 $\dfrac{1}{100}$ 이내인 a와 b 출력
| 코드 | ```
n = 100    # 오차 범위를 판단할 변수 n에 100 입력

for i in range(1, 1001) :    # i의 값을 1부터 1000까지 변화
    a = i / 10    # $a = \dfrac{i}{10}$ 입력
    fun_f = ( 3**n + a**(n+1) ) / ( 3**(n+1) + a**n )    # fun_f에 $\dfrac{3^n + a^{n+1}}{3^{n+1} + a^n}$ 계산값 입력
    if abs(fun_f-a) < (1/n) :    # fun_f의 값과 a의 값의 오차가 $\dfrac{1}{n}$ 미만이면
        check = 0    # 변수 check에 0 입력
        for j in range(1, 1001) :    # j의 값을 1부터 1000까지 변화
            b = i / 10    # $b = \dfrac{i}{10}$ 입력
            fun_g = ( a**n + b**(n+1) ) / ( a**(n+1) + b**n )    # fun_g에 $\dfrac{a^n + b^{n+1}}{a^{n+1} + b^n}$ 계산값 입력
            if abs(fun_g-(9/a)) < (1/n) :    # fun_g와 $\dfrac{9}{a}$의 차이가 $\dfrac{1}{n}$ 미만이면
                check = 1    # 변수 check에 1 입력
        if check == 1 :    # 변수 check의 값이 1이면
            print(a+b)    # a+b의 값 출력
``` |
| 출력 | 18.0 |

출력되는 a+b의 값을 정답과 비교하여 검증
```

[2024학년도 9모평 미적분30번]

문제	길이가 10인 선분 AB를 지름으로 하는 원과 선분 AB 위에 $\overline{AC}=4$인 점 C가 있다. 이 원 위의 점 P를 $\angle PCB = \theta$가 되도록 잡고, 점 P를 지나고 선분 AB에 수직인 직선이 이 원과 만나는 점 중 P가 아닌 점을 Q라 하자. 삼각형 PCQ의 넓이를 $S(\theta)$라 할 때, $-7 \times S'\left(\dfrac{\pi}{4}\right)$의 값을 구하시오. [4점]
정답	32

지오지브라 검증)

검증법 요약	지오지브라의 CAS 기능을 이용해 점 P의 x좌표를 θ로 표현

	〈입력창에 넣을 수식〉	〈수식의 수학적 의미〉
입력	Θ = 슬라이더(0°, 90°, 1°)	$0° \leq \theta \leq 90°$인 θ 정의 (Θ와 °는 입력창의 α 클릭하여 선택)
	c: x^2 + y^2 = 25	원 $c : x^2 + y^2 = 25$ 작도
	B(5, 0)	점 B 작도
	C(-1, 0)	점 C 작도
	f: y = tan(Θ) * (x+1)	직선 $f : y = (\tan\theta)(x+1)$ 작도
화면		

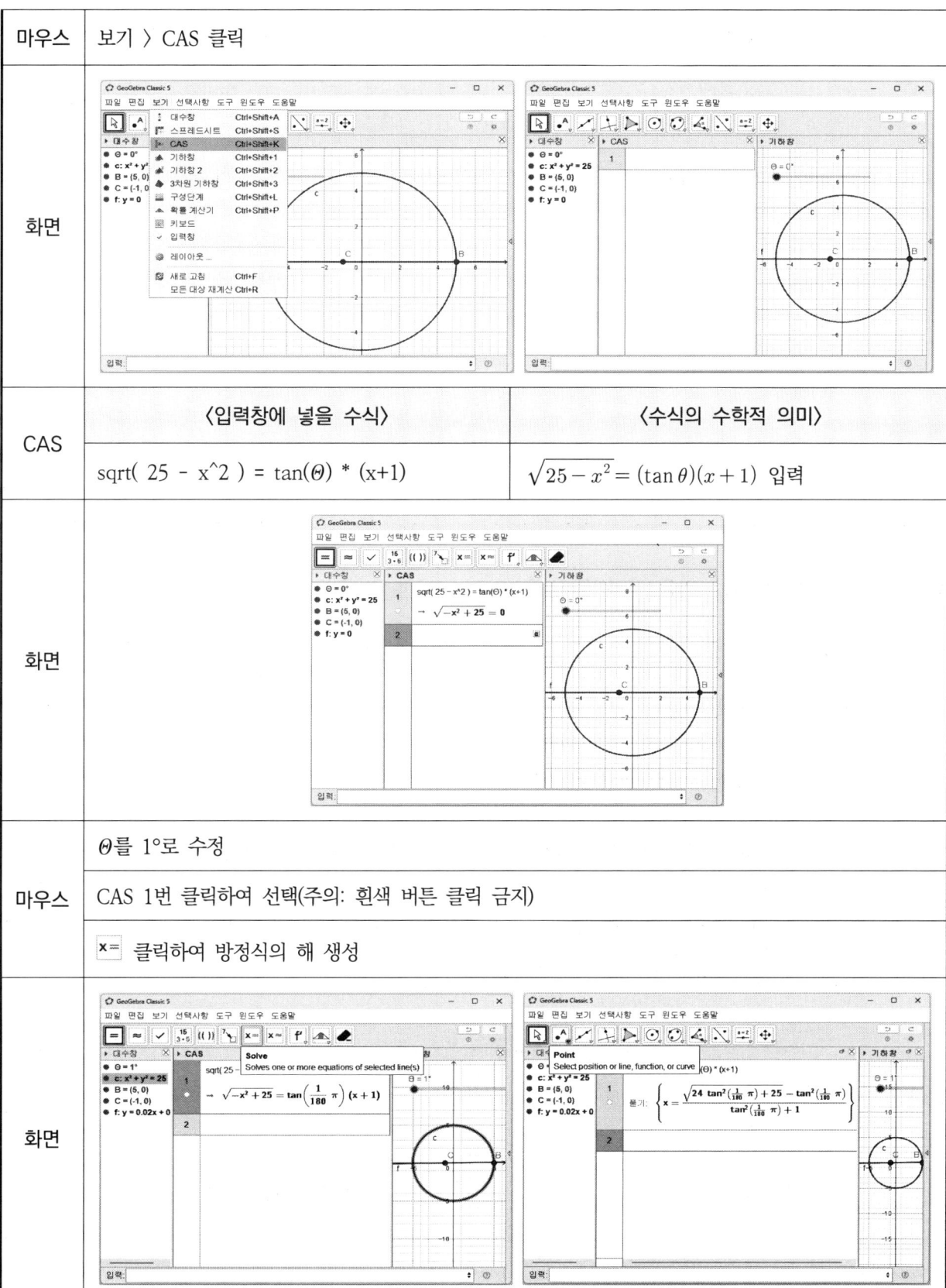

입력	⟨입력창에 넣을 수식⟩	⟨수식의 수학적 의미⟩
	p: x = (sqrt(24*((tan(Θ))^2) + 25) - (tan(Θ))^2) / ((tan(Θ))^2 + 1)	직선 $p : x = \dfrac{\sqrt{24\tan^2\theta + 25} - \tan^2\theta}{\tan^2\theta + 1}$ 작도
마우스	Θ 슬라이드를 조정해보며 원 c와 직선 f의 교점이 직선 p 위의 점인지 확인	
화면	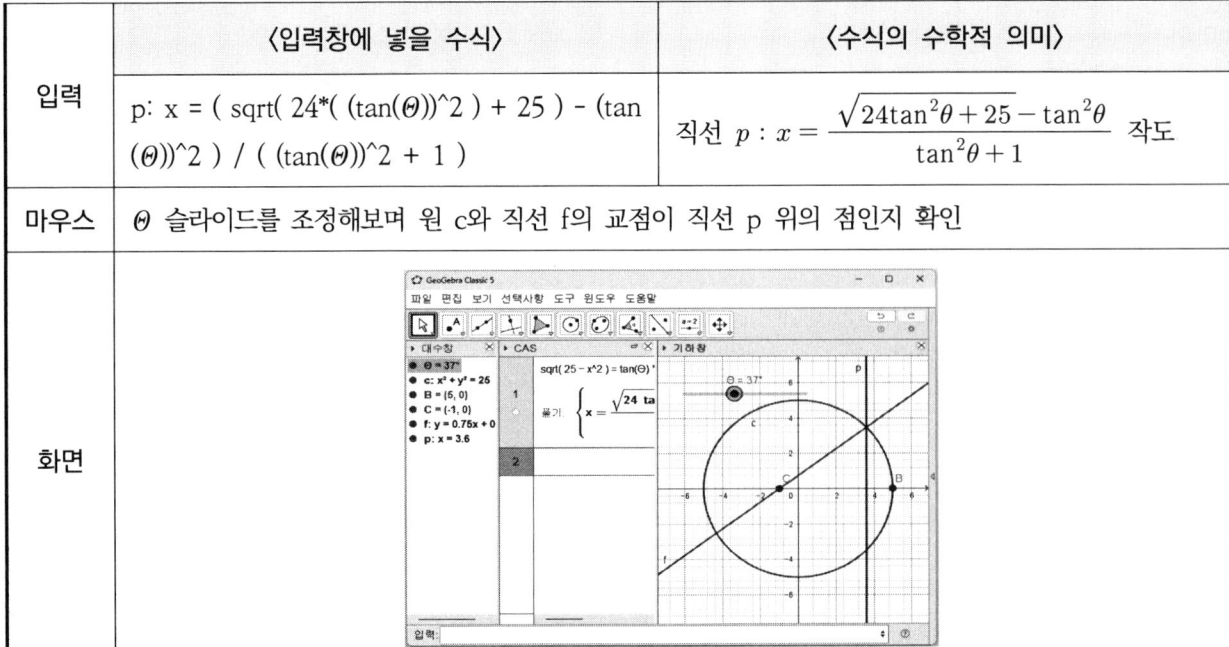	

지오지브라 검증 결과에 이은 파이썬 검증)

검증법 요약	지오지브라 CAS 기능으로 얻은 해를 이용해 도형의 넓이의 변화율 근삿값 계산
| 코드 | ```
import math     # math 라이브러리 읽기
import numpy    # numpy 라이브러리 읽기

def tri_surf(angle) :    # 각도 angle의 값을 입력받아 삼각형 넓이를 계산하는 함수 tri_sufr 정의
    tan_angle = numpy.tan(( angle ) * math.pi / 180)    # tan_angle에 tanθ의 계산값 입력
    k = ( math.sqrt( 24*pow(tan_angle,2) + 25 ) - pow(tan_angle,2) ) / (pow(tan_angle,2) + 1)   # $k = \dfrac{\sqrt{24\tan^2\theta + 25} - \tan^2\theta}{\tan^2\theta + 1}$ 계산값 입력
    surface = (k+1) * math.sqrt( 25 - pow(k,2) )    # surface에 $(k+1)\sqrt{25 - k^2}$ (삼각형 넓이)의 계산값 입력
    return surface    # surface의 값을 함수 호출 부분으로 반환

surf_45 = tri_surf(45)    # surf_45에 θ = 45° 일 때의 삼각형의 넓이 입력
dif = 0.001    # 변화율을 의미하는 변수 dif에 0.001 입력
``` |
```

```
print("45도 각도에서의 미분계수의 좌극한")
for i in range(-5, 0, 1) :    # i의 값을 -5부터 -1까지 변화
    angle = 45 + i*dif    # angle에 45+i×0.001의 값 입력
    surf_app = tri_surf( angle )    # surf_app에 angle 각에서의 삼각형의 넓이 입력
    surf_limit_diff = ( surf_app - surf_45 ) / ( i*dif * math.pi / 180 )
        # surf_limit_diff에 삼각형의 넓이의 45 각도와 45+i×0.001 각도에 대한 평균변화율 계산
    print(angle, surf_app, (-7)*surf_limit_diff)    # 각도, 넓이, 변화율 출력

print("45도 각도에서의 미분계수의 우극한")
for i in range(5, 0, -1) :    # i의 값을 5부터 1까지 -1씩 변화
    angle = 45 + i*dif    # angle에 45+i×0.001의 값 입력
    surf_app = tri_surf( angle )    # surf_app에 angle 각에서의 삼각형의 넓이 입력
    surf_limit_diff = ( surf_app - surf_45 ) / ( i*dif * math.pi / 180 )
        # surf_limit_diff에 삼각형의 넓이의 45 각도와 45+i×0.001 각도에 대한 평균변화율 계산
    print(angle, surf_app, (-7)*surf_limit_diff)    # 각도, 넓이, 변화율 출력
```

출력	45도 각도에서의 미분계수의 좌극한 44.995 16.000398675910958 31.979425927996786 44.996 16.00031898176798 31.98354083192684 44.997 16.000239267105055 31.98765569059295 44.998 16.000159531922527 31.991770504493804 44.999 16.00007977622073 31.995885273273185 45도 각도에서의 미분계수의 우극한 45.005 15.999600811123967 32.02057295535482 45.004 15.999680689934374 32.016458453706406 45.003 15.999760548227515 32.01234390738774 45.002 15.999840386003058 32.008229316006975 45.001 15.999920203260663 32.00411468045466

출력되는 값들이 정답에 근사함으로 검증

[2024학년도 9모평 기하23번]

문제	좌표공간의 점 $A(8, 6, 2)$를 xy평면에 대하여 대칭이동한 점을 B라 할 때, 선분 AB의 길이는? [2점] ① 1 ② 2 ③ 3 ④ 4 ⑤ 5
정답	4

지오지브라 검증)

검증법 요약	공간도형을 작도하여 선분의 길이 계산

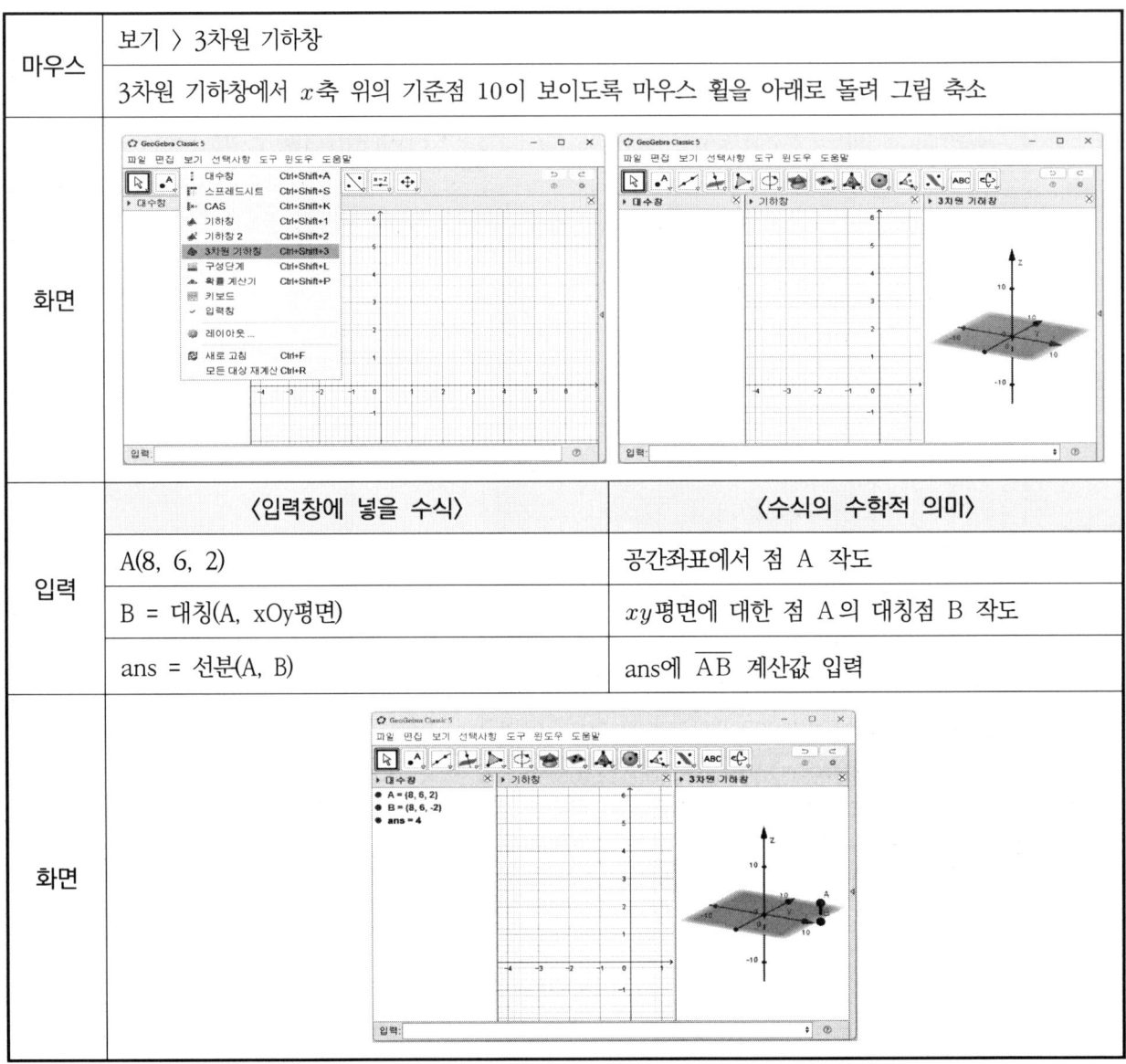

마우스	보기 > 3차원 기하창
	3차원 기하창에서 x축 위의 기준점 10이 보이도록 마우스 휠을 아래로 돌려 그림 축소

입력	〈입력창에 넣을 수식〉	〈수식의 수학적 의미〉
	A(8, 6, 2)	공간좌표에서 점 A 작도
	B = 대칭(A, xOy평면)	xy평면에 대한 점 A의 대칭점 B 작도
	ans = 선분(A, B)	ans에 $\overline{AB}$ 계산값 입력

출력되는 ans의 값을 정답과 비교하여 검증

[2024학년도 9모평 기하24번]

문제	쌍곡선 $\dfrac{x^2}{7} - \dfrac{y^2}{6} = 1$ 위의 점 $(7, 6)$에서의 접선의 x절편은? [3점] ① 1 ② 2 ③ 3 ④ 4 ⑤ 5
정답	1

지오지브라 검증)

검증법 요약	쌍곡선을 작도하여 접선의 x 절편 계산

	〈입력창에 넣을 수식〉	〈수식의 수학적 의미〉
입력	f: x^2/7 - y^2/6 = 1	곡선 $f : \dfrac{x^2}{7} - \dfrac{y^2}{6} = 1$ 작도
	A(7, 6)	점 A(7, 6) 작도
	g: 접선(A, f)	점 A에서의 쌍곡선에 대한 접선 g 작도
	h: y = 0	직선 $h : y = 0$ 작도
	B = 교점(g, h)	두 직선 g, h의 교점 B 작도
화면		

교점의 x좌표의 값을 정답과 비교하여 검증

[2024학년도 9모평 기하26번]

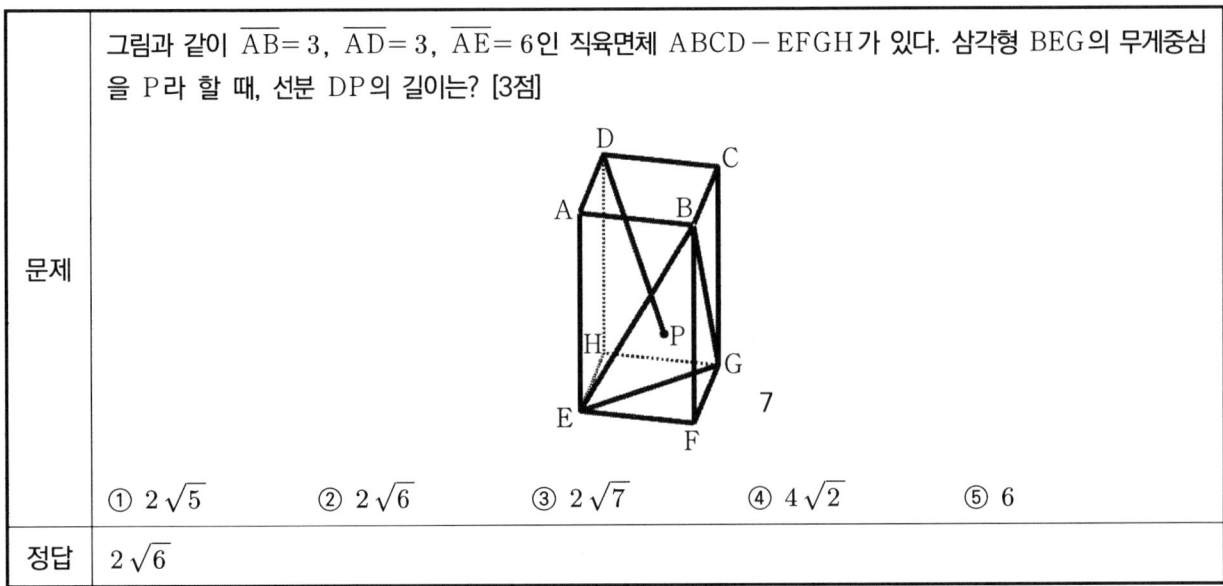

지오지브라 검증)

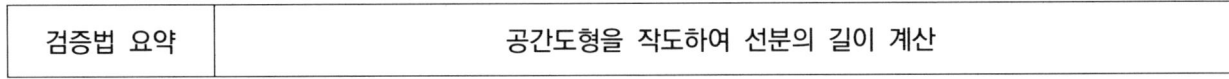

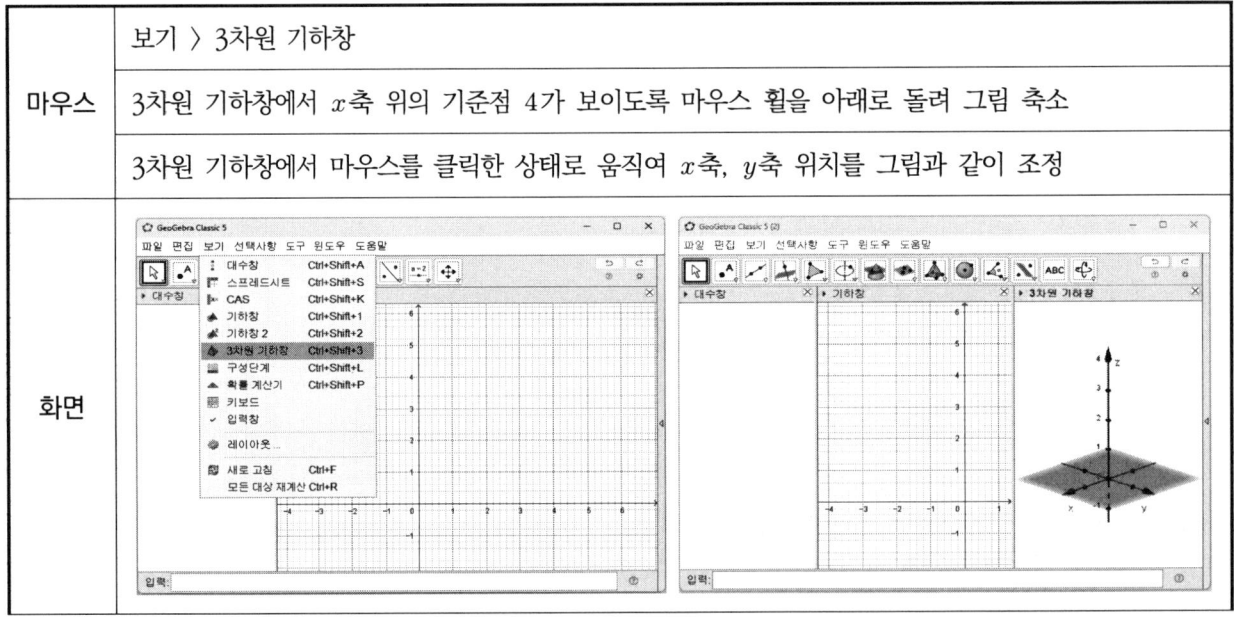

	⟨입력창에 넣을 수식⟩	⟨수식의 수학적 의미⟩
입력	H(0, 0, 0)	공간좌표에서 점 H(0, 0, 0) 작도
	E(3, 0, 0)	공간좌표에서 점 E(3, 0, 0) 작도
	F(3, 3, 0)	공간좌표에서 점 F(3, 3, 0) 작도
	G(0, 3, 0)	공간좌표에서 점 G(0, 3, 0) 작도
	D(0, 0, 6)	공간좌표에서 점 D(0, 0, 6) 작도
	A(3, 0, 6)	공간좌표에서 점 A(3, 0, 6) 작도
	B(3, 3, 6)	공간좌표에서 점 B(3, 3, 6) 작도
	C(0, 3, 6)	공간좌표에서 점 C(0, 3, 6) 작도
	P = (B + E + G) / 3	삼각형 BEG의 무게중심 P 작도
	ans1 = 선분(D, P)	ans1에 선분 $\overline{DP}$의 길이 계산값 입력
	ans2 = 2*sqrt(6)	ans2에 $2\sqrt{6}$의 계산값 입력
화면		

출력되는 ans1의 값과 ans2의 값을 비교하여 검증

[2024학년도 9모평 기하27번]

문제	양수 p에 대하여 좌표평면 위에 초점이 F인 포물선 $y^2 = 4px$가 있다. 이 포물선이 세 직선 $x=p$, $x=2p$, $x=p$와 만나는 제1사분면 위의 점을 각각 P_1, P_2, P_3이라 하자. $\overline{FP_1} + \overline{FP_2} + \overline{FP_3} = 27$일 때, p의 값은? [3점] ① 2 ② $\dfrac{5}{2}$ ③ 3 ④ $\dfrac{7}{2}$ ⑤ 4
정답	3

지오지브라 검증)

검증법 요약	포물선을 작도하여 조건을 만족하는 값 확인	
	〈입력창에 넣을 수식〉	〈수식의 수학적 의미〉
입력	p = 슬라이더(0, 10, 0.01)	$0 < p < 10$인 p 정의
	F(p, 0)	포물선의 초점 F 작도
	f: y^2 = 4px	포물선 $f : y^2 = 4px$ 작도
	p1: x = p	직선 $p1 : x = p$ 작도
	p2: x = 2p	직선 $p2 : x = 2p$ 작도
	p3: x = 3p	직선 $p3 : x = 3p$ 작도
	A1 = 교점(f, p1)	포물선 f와 직선 $p1$의 교점 A1 작도
	A2 = 교점(f, p2)	포물선 f와 직선 $p2$의 교점 A2 작도
	A3 = 교점(f, p3)	포물선 f와 직선 $p3$의 교점 A3 작도
	ans = 선분(A1, F) + 선분(A2, F) + 선분(A3, F)	ans에 $\overline{FA1} + \overline{FA2} + \overline{FA3}$ 계산값 입력
마우스	ans의 값이 27이 되도록 p의 값을 조정	
화면		

출력되는 ans의 값을 정답과 비교하여 검증

[2024학년도 9모평 기하28번]

문제	좌표공간에 중심이 $A(0, 0, 1)$이고 반지름의 길이가 4인 구 S가 있다. 구 S가 xy평면과 만나서 생기는 원을 C라 하고, 점 A에서 선분 PQ까지의 거리가 2가 되도록 원 C 위에 두 점 P, Q를 잡는다. 구 S가 선분 PQ를 지름으로 하는 구 T와 만나서 생기는 원 위에서 점 B가 움직일 때, 삼각형 BPQ의 xy평면 위로의 정사영의 넓이의 최댓값은? (단, 점 B의 z좌표는 양수이다.) [4점] ① 6 ② $3\sqrt{6}$ ③ $6\sqrt{2}$ ④ $3\sqrt{10}$ ⑤ $6\sqrt{3}$ 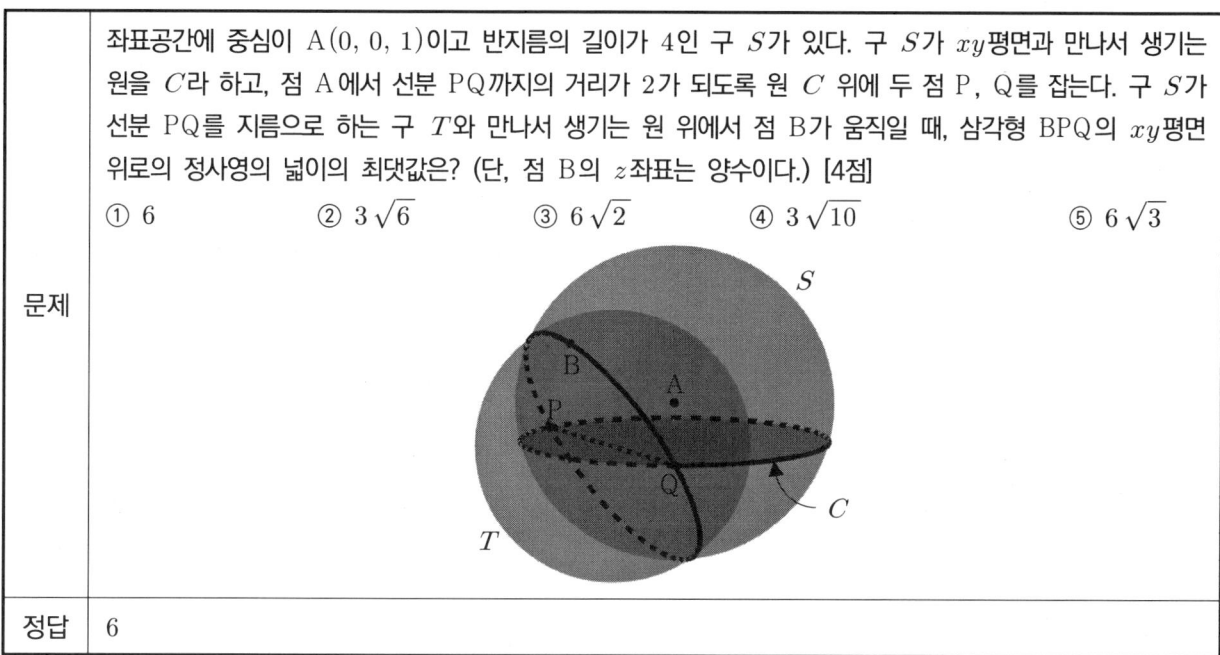
정답	6

지오지브라 검증)

검증법 요약	주어진 조건의 도형을 작도하여 정사영의 넓이의 최댓값 계산

마우스	보기 > 3차원 기하창
	3차원 기하창에서 x축 위의 기준점 4가 보이도록 마우스 휠을 아래로 돌려 그림 축소
	3차원 기하창에서 마우스를 클릭한 상태로 움직여 x축, y축 위치를 그림과 같이 조정
화면	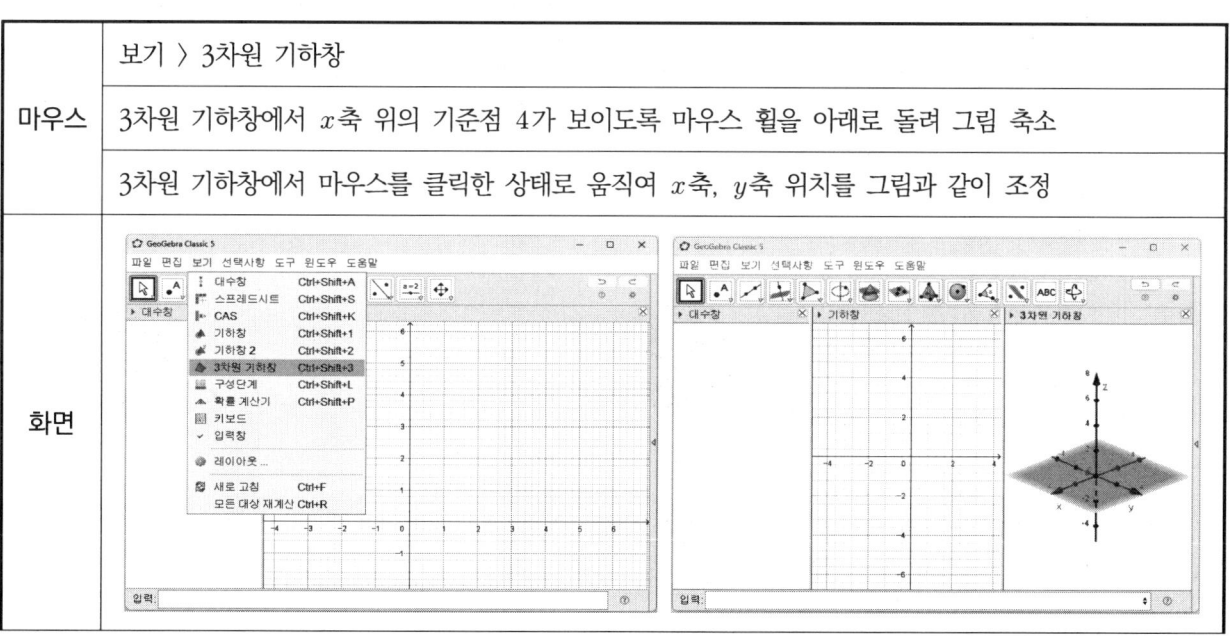

	〈입력창에 넣을 수식〉	〈수식의 수학적 의미〉
입력	A = (0, 0, 1)	구의 중심점 A 작도
	S = 구(A, 4)	중심이 A, 반지름의 길이가 4인 구 S 작도
	C: 교선(xOy평면, S)	구 S와 xy평면의 교선인 원 C 작도
	R = 구(A, 2)	중심이 A, 반지름의 길이가 2인 구 R 작도
	D: 교선(xOy평면, R)	구 R과 xy평면의 교선인 원 D 작도
	E = 교점(y = 0, D)	원 D과 직선 $y=0$의 교점 E 작도
	f: 수직선(E_2, y=0)	점 E_2에서 x축에 수직인 직선 f 작도
	F = 교점(f, C)	직선 f와 원 C의 교점 F 작도
	T = 구(E_2, F_1)	중심이 E_2, 반지름의 길이가 F_1인 구 T 작도
	G = 교차이차곡선(S, T)	구 S와 구 T의 교선인 원 G 작도
	B = 점(G)	원 G 위의 임의의 점 B 작도
	g = 수직선(B, xOy평면)	점 B를 지나고 xy평면에 수직인 직선 g 작도
	B' = 교점(g, xOy평면)	점 B의 xy평면으로의 정사영 B' 작도
	sur = 다각형(F_1, F_2, B')	sur에 삼각형 F_1F_2B'의 넓이 계산값 입력
마우스	3차원 기하창에서 점 E의 위치를 이동하며 sur의 값이 최대가 되게 조절	
화면		

sur의 최댓값을 정답과 비교하여 검증

[2024학년도 9모평 기하29번]

문제	한 초점이 $F(c, 0)$ $(c > 0)$인 타원 $\dfrac{x^2}{9} + \dfrac{y^2}{5} = 1$과 중심의 좌표가 $(2, 3)$이고 반지름의 길이가 r인 원이 있다. 타원 위의 점 P와 원 위의 점 Q에 대하여 $\overline{PQ} - \overline{PF}$의 최솟값이 6일 때, r의 값을 구하시오. [4점]
정답	17

지오지브라 검증)

검증법 요약	반지름 r에 따라 원과 타원이 만나지 않을 때, 만날 때, 원이 타원을 포함할 때로 나누어 작도하여 $\overline{PQ} - \overline{PF}$의 최솟값이 6이 되도록 r 조절

	〈입력창에 넣을 수식〉	〈수식의 수학적 의미〉
입력	c = sqrt(9 − 5)	c에 타원의 초점의 x좌표 계산값 입력
	F = (c, 0)	초점 F 작도
	eq1: x^2/9 + y^2/5 = 1	타원 $eq1 : \dfrac{x^2}{9} + \dfrac{y^2}{5} = 1$ 작도
	r = 슬라이더(0.1, 20, 0.01)	$0.1 \leq r \leq 20$인 r 정의
	A = (2, 3)	점 A(2, 3) 작도
	eq2: 원(A, r)	중심이 A, 반지름의 길이가 r인 원 $eq2$ 작도
	P = 점(eq1)	타원 eq1 위의 점 P 작도
	eq3 = 직선(A, P)	직선 $\overline{AP}$인 eq3 작도
	Q = 교점(eq2, eq3)	원 eq2와 직선 eq3의 두 교점 Q_1, Q_2 작도
	ans1 = 선분(P, Q_1) − 선분(P, F)	ans1에 $\overline{PQ_1} - \overline{PF}$ 계산값 입력
	ans2 = 선분(P, Q_2) − 선분(P, F)	ans2에 $\overline{PQ_1} - \overline{PF}$ 계산값 입력
화면		

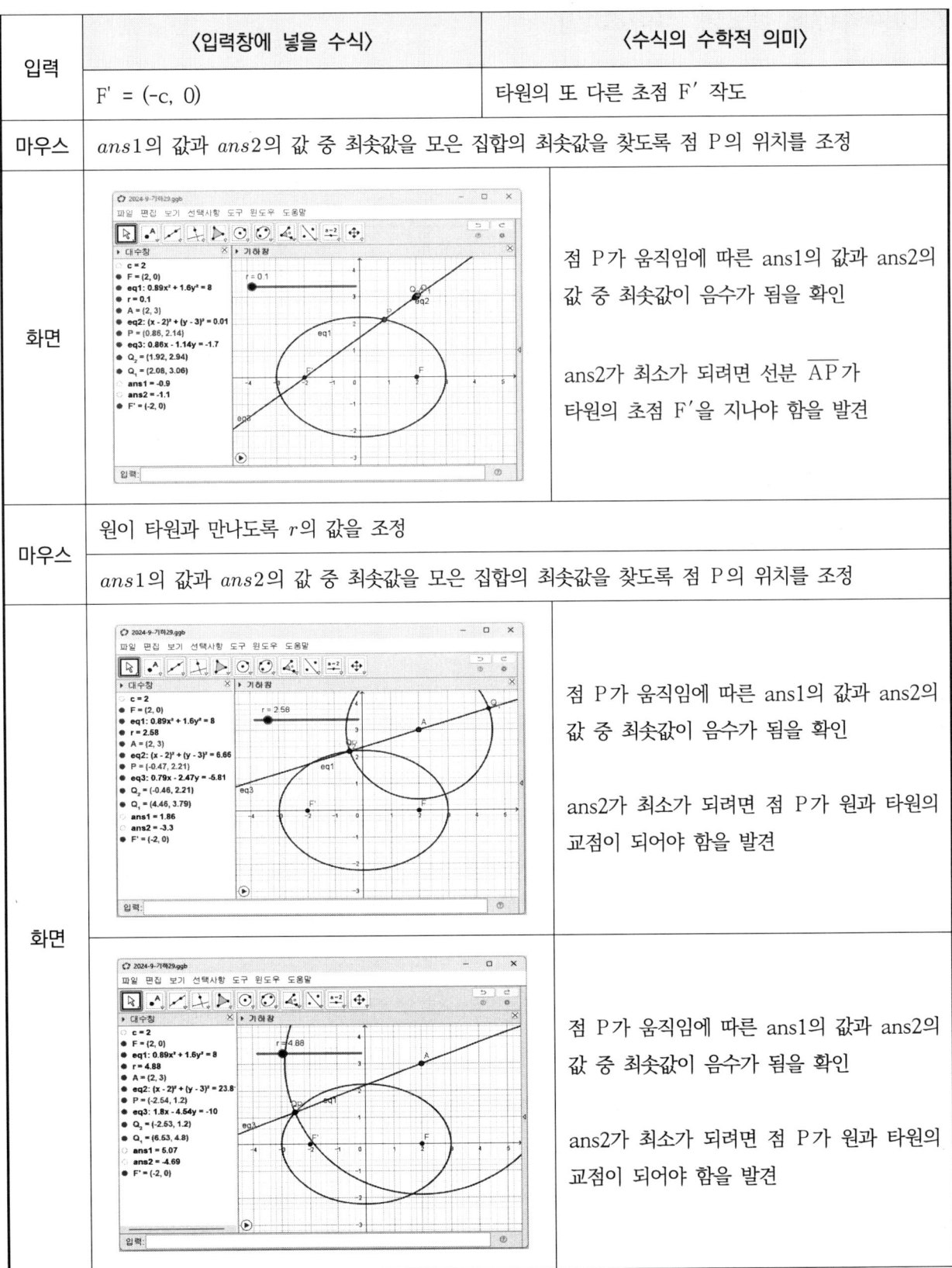

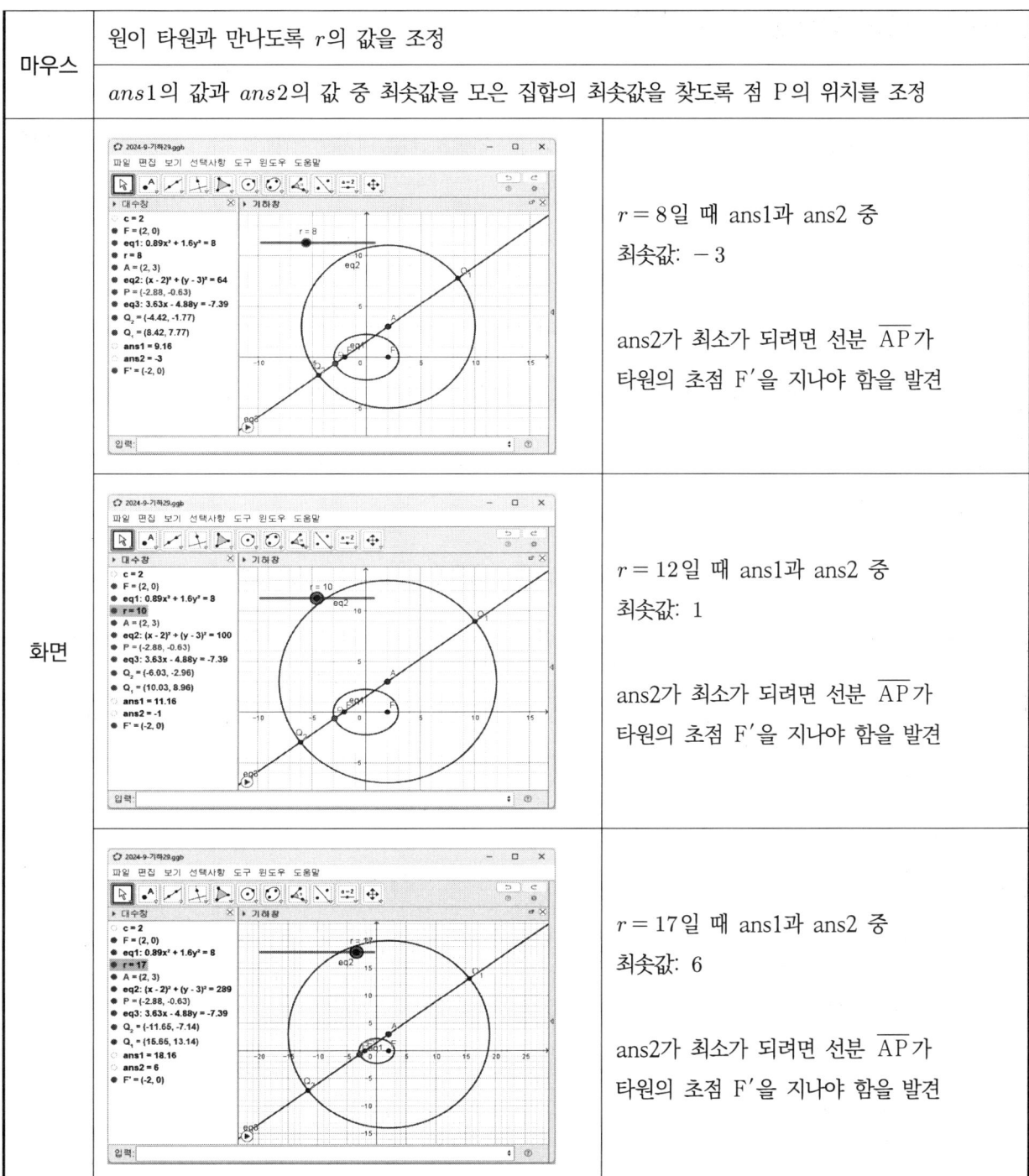

[2024학년도 9모평 기하30번]

문제	좌표평면에서 $\overrightarrow{AB}=\overrightarrow{AC}$이고 $\angle BAC=\dfrac{\pi}{2}$인 직각삼각형 ABC에 대하여 두 점 P, Q가 다음 조건을 만족시킨다. (가) 삼각형 APQ는 정삼각형이고, $9|\overrightarrow{PQ}|\overrightarrow{PQ}=4|\overrightarrow{AB}|\overrightarrow{AB}$이다. (나) $\overrightarrow{AC}\cdot\overrightarrow{AQ}<0$ (다) $\overrightarrow{PQ}\cdot\overrightarrow{CB}=24$ 선분 AQ 위의 점 X에 대하여 $|\overrightarrow{XA}+\overrightarrow{XB}|$의 최솟값을 m이라 할 때, m^2의 값을 구하시오. [4점]
정답	27

지오지브라 검증)

검증법 요약	주어진 조건의 도형을 작도하여 최솟값 확인

	⟨입력창에 넣을 수식⟩	⟨수식의 수학적 의미⟩
입력	k = 슬라이더(1, 10, 0.01)	$1\le k\le 10$인 직각이등변삼각형의 밑변의 길이를 변수 k로 정의
	A(0, 0)	점 $A(0, 0)$ 작도
	B(k, 0)	점 $B(k, 0)$ 작도
	C(0, k)	점 $C(0, k)$ 작도
	p1 = 선분(A, B)	선분 $\overline{AB}$인 p1 작도
	p2 = 선분(B, C)	선분 $\overline{BC}$인 p2 작도
	p3 = 선분(C, A)	선분 $\overline{CA}$인 p3 작도
	P(-k/3, -k/sqrt(3))	삼각형 APQ가 정삼각형이 되게 하고, (가) 조건에서 $\overrightarrow{PQ}=\dfrac{3}{2}|\overrightarrow{AB}|$ 이 되게 하고, (나) 조건에서 두 점 P, Q가 각각 제 3, 4사분면에 있도록 점 P, Q 작도
	Q(k/3, -k/sqrt(3))	
	p4 = 선분(A, P)	선분 $\overline{AP}$인 p4 작도

	p5 = 선분(A, Q)	선분 $\overline{AQ}$인 p5 작도
	p6 = 선분(P, Q)	선분 $\overline{PQ}$인 p6 작도
	a = 내적(벡터(P,Q), 벡터(C,B))	$a = \overrightarrow{PQ} \cdot \overrightarrow{CB}$ 계산값 입력
마우스	a의 값이 24가 되도록 k 조절	
화면	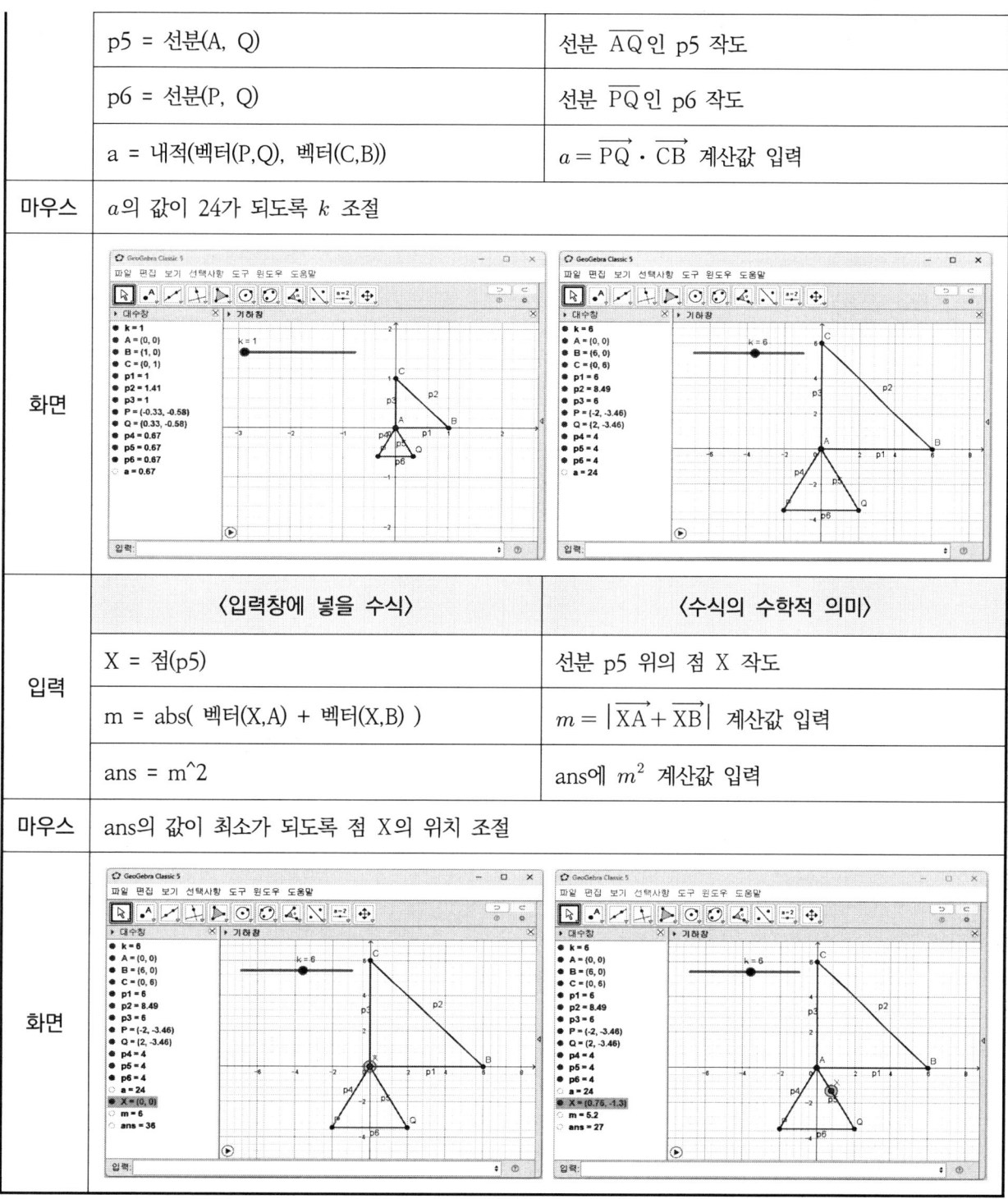	
	〈입력창에 넣을 수식〉	〈수식의 수학적 의미〉
입력	X = 점(p5)	선분 p5 위의 점 X 작도
	m = abs(벡터(X,A) + 벡터(X,B))	$m = |\overrightarrow{XA} + \overrightarrow{XB}|$ 계산값 입력
	ans = m^2	ans에 m^2 계산값 입력
마우스	ans의 값이 최소가 되도록 점 X의 위치 조절	
화면		

출력되는 ans의 값을 정답과 비교하여 검증

[2024학년도 수능 1번]

문제	$\sqrt[3]{24} \times 3^{\frac{2}{3}}$ 의 값은? [2점] ① 6　　② 7　　③ 8　　④ 9　　⑤ 10
정답	6

지오지브라 검증)

검증법 요약	주어진 식을 입력하여 계산 결과와 일치하는지 확인

	⟨입력창에 넣을 수식⟩	⟨수식의 수학적 의미⟩
입력	ans = 24^(1/3) * 3^(2/3)	ans에 $24^{\frac{1}{3}} \times 3^{\frac{2}{3}}$ 계산값 입력
화면	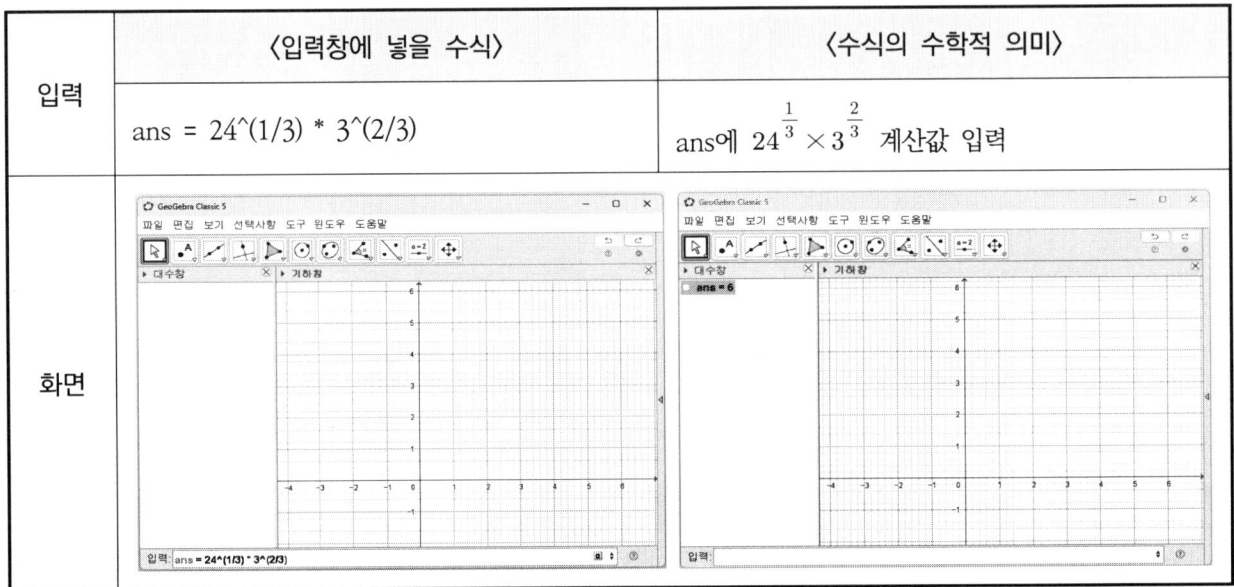	

출력되는 ans의 값을 정답과 비교하여 검증

[2024학년도 수능 2번]

문제	함수 $f(x) = 2x^3 - 5x^2 + 3$에 대하여 $\lim_{h \to 0} \dfrac{f(2+h) - f(2)}{h}$의 값은? [2점] ① 1　　② 2　　③ 3　　④ 4　　⑤ 5
정답	4

파이썬 검증)

검증법 요약	$h = 0 \pm \dfrac{1}{10^i}$의 값을 대입하여 극한값의 근삿값 계산

코드	```print("h=0에서의 좌극한")```
	```for i in range(1, 5) :```　　# i의 값을 1부터 4까지 변화
	　　```h = 0 - 1 / 10**i```　　# h에 $-\dfrac{1}{10^i}$의 값 입력
	　　```calc = ((2*(2+h)**3 - 5*(2+h)**2 + 3) - (2*2**3 - 5*2**2 + 3)) / h```
	　　　# calc에 $\dfrac{f(2+h) - f(2)}{h}$의 계산값 입력
	　　```print(h, calc)```　　# h와 calc 값 출력
	```print("h=0에서의 우극한")```
	```for i in range(1, 5) :```　　# i의 값을 1부터 4까지 변화
	　　```h = 0 + 1 / 10**i```　　# h에 $\dfrac{1}{10^i}$의 값 입력
	　　```calc = ((2*(2+h)**3 - 5*(2+h)**2 + 3) - (2*2**3 - 5*2**2 + 3)) / h```
	　　　# calc에 $\dfrac{f(2+h) - f(2)}{h}$의 계산값 입력
	　　```print(h, calc)```　　# h와 calc 값 출력

출력	h=0에서의 좌극한 -0.1 3.320000000000025 -0.01 3.930199999999928 -0.001 3.9930019999996347 -0.0001 3.9993000200055917 h=0에서의 우극한 0.1 4.720000000000013 0.01 4.070199999999957 0.001 4.007001999998039 0.0001 4.000700020014847

출력되는 값들이 정답에 근사함으로 검증

[2024학년도 수능 3번]

문제	$\frac{3}{2}\pi < \theta < 2\pi$인 θ에 대하여 $\sin(-\theta) = \frac{1}{3}$일 때, $\tan\theta$의 값은? [3점] ① $-\frac{\sqrt{2}}{2}$ ② $-\frac{\sqrt{2}}{4}$ ③ $-\frac{1}{4}$ ④ $\frac{1}{4}$ ⑤ $\frac{\sqrt{2}}{4}$
정답	$-\frac{\sqrt{2}}{4}$

지오지브라 검증)

검증법 요약	주어진 조건의 함수의 그래프를 그려 θ의 값을 찾아 tan 함수에 대입

	〈입력창에 넣을 수식〉	〈수식의 수학적 의미〉
입력	f: 조건(3pi/2<x<2pi, sin(-x))	$f(x) = \sin(-x)$ $\left(\frac{3\pi}{2} < x < 2\pi\right)$ 작도
	p1: 조건(3pi/2<x<2pi, 1/3)	$p1(x) = \frac{1}{3}$ $\left(\frac{3\pi}{2} < x < 2\pi\right)$ 작도
	k = -arcsin(1/3)	k에 $-\arcsin\left(\frac{1}{3}\right)$ 입력
	p2: x = k + 2pi	$y = f(x)$, $y = p1(x)$의 교점을 지나는 직선 $x = k + 2\pi$ 작도
	ans1 = tan(k + 2pi)	ans1에 $\tan(k + 2\pi)$ 계산값 입력
	ans2 = -sqrt(2) / 4	ans2에 $-\frac{\sqrt{2}}{4}$ 계산값 입력
화면		

출력되는 ans1의 값과 ans2의 값을 비교하여 검증

[2024학년도 수능 4번]

문제	함수 $f(x)=\begin{cases} 3x-a & (x<2) \\ x^2+a & (x \geq 2) \end{cases}$ 가 실수 전체의 집합에서 연속일 때, 상수 a의 값은? [3점]
	① 1　　② 2　　③ 3　　④ 4　　⑤ 5
정답	1

지오지브라 검증)

검증법 요약	함수 $f(x)$가 $x=2$에서 연속이 되게 하는 a의 값 발견

	〈입력창에 넣을 수식〉	〈수식의 수학적 의미〉
입력	a = 슬라이더(-10, 10, 0.01)	$-10 \leq a \leq 10$인 a 정의
	f: 조건(x<2, 3x-a, x^2+a)	$f(x)=\begin{cases} 3x-a & (x<2) \\ x^2+a & (x \geq 2) \end{cases}$ 작도
마우스	함수 $f(x)$가 $x=2$에서 연속이 되도록 a의 값 조절	
화면		

함수 $f(x)$가 $x=2$에서 연속이 되게 하는 a을 정답과 비교하여 검증

[2024학년도 수능 5번]

문제	다항함수 $f(x)$가 $f'(x)=3x(x-2)$, $f(1)=6$을 만족시킬 때, $f(2)$의 값은? [3점] ① 1　　② 2　　③ 3　　④ 4　　⑤ 5
정답	4

지오지브라 검증)

검증법 요약	$f(1)=6$을 적분상수를 구하여 $f'(x)$를 적분한 함수 $f(x)$ 구하기

	〈입력창에 넣을 수식〉	〈수식의 수학적 의미〉
입력	f': y = 3x(x-2)	$f'(x)=3x(x-2)$ 작도
	C = 슬라이더(-10, 10, 0.01)	$-10 \leq C \leq 10$인 적분상수 C 정의
	f: 적분(f') + C	$f(x)=\int f'(x)dx + C$ 작도
	f1 = f(1)	f1에 $f(1)$ 계산값 입력
	ans = f(2)	ans에 $f(2)$ 계산값 입력
마우스	$f(1)=6$이 되도록 C의 값 조절	
화면	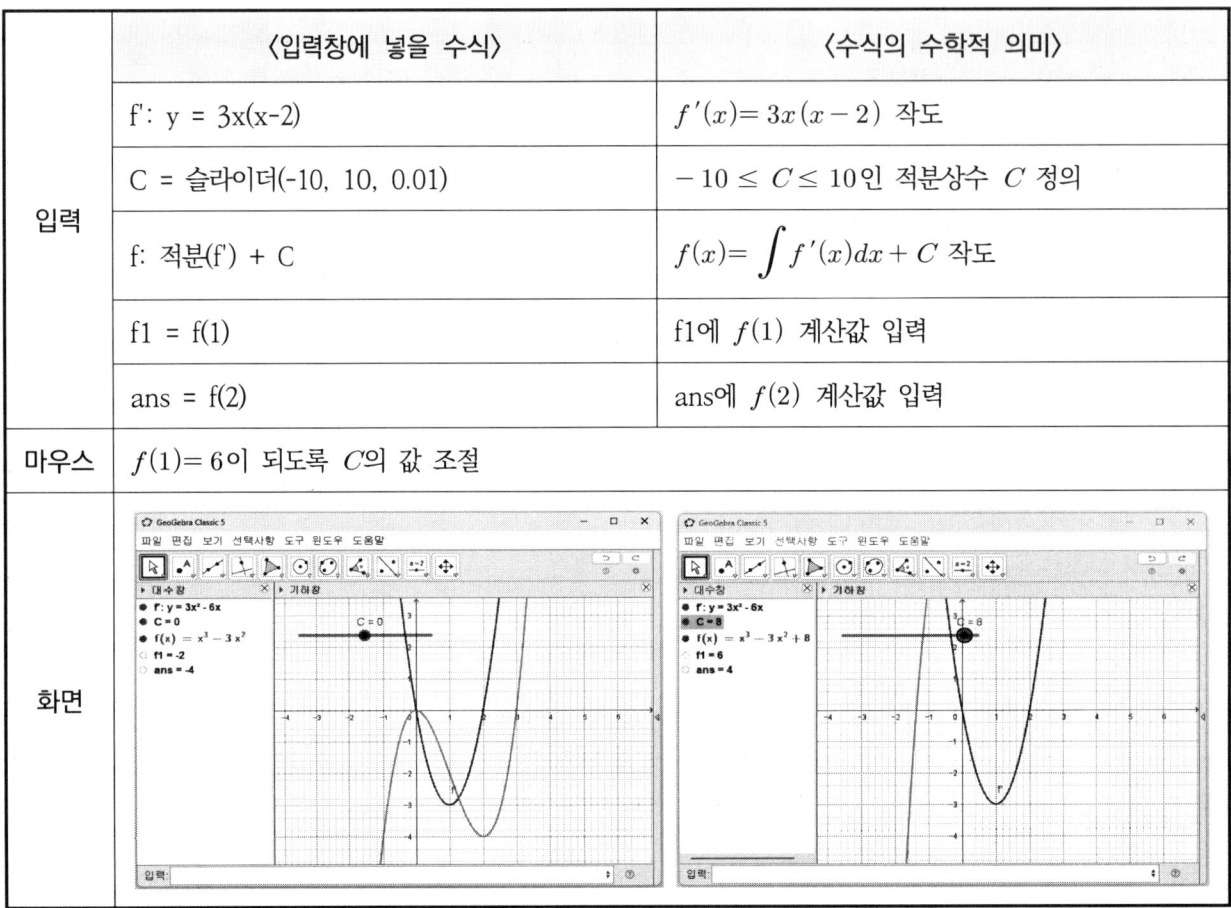	

출력되는 ans의 값을 정답과 비교하여 검증

[2024학년도 수능 6번]

문제	등비수열 $\{a_n\}$의 첫째항부터 제n항까지의 합을 S_n이라 하자. $S_4 - S_2 = 3a_4$, $a_5 = \dfrac{3}{4}$일 때, $a_1 + a_2$의 값은? [3점] ① 27　　② 24　　③ 21　　④ 18　　⑤ 15
정답	18

파이썬 검증)

검증법 요약	조건을 만족하는 등비수열을 구하여 $a_1 + a_2$의 값 계산

코드	```r = 1/2 # S_4 - S_2 = 3a_4에서 a_3 = 2a_4이므로 r = 1/2 정의```
	 ```a = [0, 0, 0, 0, 0, 3/4] # 수열 a_n의 값을 담을 리스트 a 정의```
	 ```for i in range(4, 0, -1) : # i의 값을 4부터 1까지 -변화```
	 ``` a[i] = a[i+1] / r # a_n = a_{n+1}/r 입력```
	
	 ```s4 = 0 # S_4의 값을 담을 변수 s4 정의```
	 ```for i in range(1, 5) : # i의 값을 1부터 4까지 변화```
	 ``` s4 += a[i] # s4에 a[1], a[2], a[3], a[4] 값 누적```
	
	 ```s2 = 0 # S_2의 값을 담을 변수 s2 정의```
	 ```for i in range(1, 3) : # i의 값을 1부터 2까지 변화```
	 ``` s2 += a[i] # s2에 a[1], a[2] 값 누적```
	
	 ```print(s4-s2, 3*a[4]) # S_4 - S_2의 값과 3a_4의 값 출력```
	 ```print(a[1]+a[2]) # a_1 + a_2의 값 출력```

출력	4.5 4.5 18.0

출력되는 값을 정답과 비교하여 검증

[2024학년도 수능 7번]

문제	함수 $f(x)=\dfrac{1}{3}x^3-2x^2-12x+4$가 $x=\alpha$에서 극대이고 $x=\beta$에서 극소일 때, $\beta-\alpha$의 값은? (단, α와 β는 상수이다.) [3점] ① -4　② -1　③ 2　④ 5　⑤ 8
정답	8

지오지브라 검증)

검증법 요약	$y=f'(x)$와 $y=0$의 교점을 구해 $y=f(x)$의 극댓점과 극솟점 구하기

	〈입력창에 넣을 수식〉	〈수식의 수학적 의미〉
입력	f(x) = x^3/3 - 2x^2 - 12x +4	$f(x)=\dfrac{x^3}{3}-2x^2-12x+4$ 작도
	f': 미분(f)	$f'(x)$ 작도
	p: y = 0	$p:y=0$ 작도
	P = 교점(f', p)	$y=f'(x)$와 $y=p(x)$의 교점 P_1, P_2를 작도하고, 두 점 P_1, P_2의 x좌표 구하기
	ans = 6 - (-2)	ans에 $\beta-\alpha$ 계산값 입력
화면		

출력되는 ans의 값을 정답과 비교하여 검증

[2024학년도 수능 8번]

문제	삼차함수 $f(x)$가 모든 실수 x에 대하여 $xf(x)-f(x)=3x^4-3x$를 만족시킬 때, $\int_{-2}^{2} f(x)dx$의 값은? [3점] ① 12 ② 16 ③ 20 ④ 24 ⑤ 28
정답	16

지오지브라 검증)

검증법 요약	조건을 만족하는 함수 $f(x)$를 찾아 정적분 계산

	〈입력창에 넣을 수식〉	〈수식의 수학적 의미〉
입력	a = 슬라이더(-10, 10, 0.01)	$-10 \le a \le 10$인 a 정의
	b = 슬라이더(-10, 10, 0.01)	$-10 \le b \le 10$인 b 정의
	f(x) = 3x^3 + ax^2 + bx	$xf(x)-f(x)=3x^4-3x$에서 $f(x)=3x^3+ax^2+bx$ 작도
	g(x) = x*f(x) - f(x)	$g(x)=xf(x)-f(x)$ 작도
	h(x) = 3x^4 - 3x	$h(x)=3x^4-3x$ 작도
	ans = 적분차(f, 0, -2, 2)	ans에 $\int_{-2}^{2} f(x)dx$ 계산값 입력
마우스	$y=g(x)$의 그래프와 $y=h(x)$의 그래프가 유사하도록 b의 값 조절	
	$y=g(x)$의 그래프와 $y=h(x)$의 그래프가 일치하도록 a의 값 조절	
화면		

출력되는 ans의 값을 정답과 비교하여 검증

[2024학년도 수능 9번]

문제	수직선 위의 두 점 $P(\log_5 3)$, $Q(\log_5 12)$에 대하여 선분 PQ를 $m : (1-m)$으로 내분하는 점의 좌표가 1일 때, 4^m의 값은? (단, m은 $0 < m < 1$인 상수이다.) [4점] ① $\dfrac{7}{6}$ ② $\dfrac{4}{3}$ ③ $\dfrac{3}{2}$ ④ $\dfrac{5}{3}$ ⑤ $\dfrac{11}{6}$
정답	$\dfrac{5}{3}$

지오지브라 검증)

검증법 요약	조건을 작도하여 m의 값 계산

	〈입력창에 넣을 수식〉	〈수식의 수학적 의미〉
입력	P(log(5,3), 0)	점 P를 x축 위에 작도
	Q(log(5,12), 0)	점 Q를 x축 위에 작도
	A(1, 0)	점 $A(1, 0)$을 x축 위에 작도
	k1 = 선분(P, A)	직선 $\overline{PA}$인 $k1$ 작도
	k2 = 선분(Q, A)	직선 $\overline{QA}$인 $k2$ 작도
	m = k1 / (k1+k2)	$m = \dfrac{k1}{k1+k2}$ 계산값 입력
	ans1 = 4^m	ans1에 4^m 계산값 입력
	ans2 = 5/3	ans2에 $\dfrac{5}{3}$ 계산값 입력
화면		

출력되는 ans1의 값과 ans2의 값을 비교하여 검증

[2024학년도 수능 10번]

문제	시각 $t=0$일 때 동시에 원점을 출발하여 수직선 위를 움직이는 두 점 P, Q의 시각 t $(t \geq 0)$에서의 속도가 각각 $v_1(t) = t^2 - 6t + 5$, $v_2(t) = 2t - 7$이다. 시각 t에서의 두 점 P, Q 사이의 거리를 $f(t)$라 할 때, 함수 $f(t)$는 구간 $[0, a]$에서 증가하고, 구간 $[a, b]$에서 감소하고, 구간 $[b, \infty)$에서 증가한다. 시각 $t=a$에서 $t=b$까지 점 Q가 움직인 거리는? (단, $0 < a < b$) [4점] ① $\dfrac{15}{2}$　② $\dfrac{17}{2}$　③ $\dfrac{19}{2}$　④ $\dfrac{21}{2}$　⑤ $\dfrac{23}{2}$
정답	$\dfrac{17}{2}$

지오지브라 검증)

검증법 요약	속도 함수를 적분한 위치 함수의 그래프를 통해 a, b의 값을 구하고 이동거리 계산

입력	〈입력창에 넣을 수식〉	〈수식의 수학적 의미〉
	v1(x) = x^2 - 6x + 5	$v_1(x) = x^2 - 6x + 5$ 작도
	v2(x) = 2x - 7	$v_2(x) = 2x - 7$ 작도
	f(x) = 조건(x≥0, 적분(v1) - 적분(v2))	$f(x) = \int v_1(x)dx - \int v_2(x)dx$ 작도 ($f(x) \geq 0$이므로 절댓값 생략)
	g: 미분(f)	$g(x) = f'(x)$ 작도
	p: y = 0	$p(x) = 0$ 작도
	P = 교점(g, p)	$y = g(x)$, $y = p(x)$의 두 교점 P_1, P_2 작도
	a = 2	두 점 P_1, P_2의 x좌표가 각각 2, 6이므로
	b = 6	$a = 2$, $b = 6$ 정의
	ans1 = 적분차(abs(v2), 0, a, b)	ans1에 $\int_2^6 |v_2(x)|dx$ 계산값 입력
	ans2 = 17 / 2	ans2에 $\dfrac{17}{2}$ 계산값 입력

| 화면 | 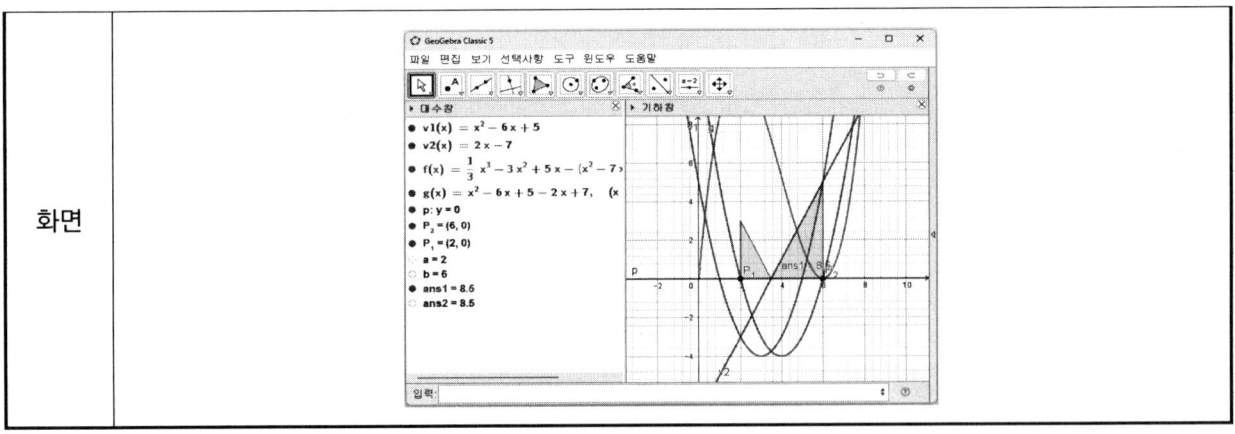 |

출력되는 ans1의 값과 ans2의 값을 비교하여 검증

[2024학년도 수능 11번]

문제	공차가 0이 아닌 등차수열 $\{a_n\}$에 대하여 $|a_6|=a_8$, $\sum_{k=1}^{5}\dfrac{1}{a_k a_{k+1}}=\dfrac{5}{96}$일 때, $\sum_{k=1}^{15}a_k$의 값은? [4점] ① 60　　② 65　　③ 70　　④ 75　　⑤ 80
정답	60

파이썬 검증)

검증법 요약	조건을 만족하는 등차수열을 구하여 수열의 합 계산
| 코드 | ```
a = []               # 수열 a_n의 값을 담을 리스트 a 정의
for i in range(16):  # 16번 반복
    a.append(0)      # 리스트 a에 0 추가
i = 1                # i의 값을 1로 정의
while(i>0):          # i의 값이 양수이면 반복실행
    d = i / 100      # 공차 d의 값을 d = i/100 로 정의
    for j in range(1, 7):   # j의 값을 1부터 6까지 변화
        a[j] = (-1) * (7-j) * d   # a_j = -(7-j)d 입력
    sum_temp = 0     # sum_temp의 값을 0으로 정의
    for j in range(1, 6):   # j의 값을 1부터 5까지 변화
        sum_temp += 1/(a[j]*a[j+1])   # sum_temp에 1/(a_j a_{j+1})의 값 누적
    if (sum_temp) == (5/96):   # sum_temp가 5/96과 같으면
        print("공차 :", d)     # 공차 d 출력
        for j in range(7, 16): # j의 값을 7부터 15까지 변화
            a[j] = (j-7) * d   # a_j = (j-7)d 입력
        sum = 0                # sum의 값을 0으로 정의
        for j in range(1, 16): # j의 값을 1부터 15까지 변화
            sum += a[j]        # sum_temp에 a_j의 값 누적
        print("1항부터 15항까지의 합:", sum)   # 1항부터 15항까지의 합 출력
        break                  # 반복문 중단
    i += 1                     # i의 값에 1 누적
``` |
| 출력 | 공차 : 4.0
1항부터 15항까지의 합: 60.0 |

출력되는 값을 정답과 비교하여 검증
```

[2024학년도 수능 12번]

문제	함수 $f(x) = \dfrac{1}{9}x(x-6)(x-9)$와 실수 $t\ (0 < t < 6)$에 대하여 함수 $g(x)$는 $g(x) = \begin{cases} f(x) & (x < t) \\ -(x-t) + f(t) & (x \geq t) \end{cases}$ 이다. 함수 $y = g(x)$의 그래프와 x축으로 둘러싸인 영역의 넓이의 최댓값은? [4점] ① $\dfrac{125}{4}$ ② $\dfrac{127}{4}$ ③ $\dfrac{129}{4}$ ④ $\dfrac{131}{4}$ ⑤ $\dfrac{133}{4}$
정답	$\dfrac{129}{4}$

지오지브라 검증)

검증법 요약	주어진 함수의 그래프로 적분값을 계산하여 최댓값 발견

	〈입력창에 넣을 수식〉	〈수식의 수학적 의미〉
입력	t = 슬라이더(0, 6, 0.01)	$0 \leq t \leq 6$인 t 정의
	f(x) = x/9 (x-6) (x-9)	$f(x) = \dfrac{x}{9}(x-6)(x-9)$ 작도
	g: 조건(x<t, f(x), -(x-t)+f(t))	$g(x) = \begin{cases} f(x) & (x < t) \\ -(x-t) + f(t) & (x \geq t) \end{cases}$ 작도
	ans1 = 적분차(g, 0, 0, t+f(t))	ans1에 $\displaystyle\int_0^{t+f(t)} g(x)\,dx$ 계산값 입력
	ans2 = 129/4	ans2에 $\dfrac{129}{4}$ 계산값 입력
마우스	ans1의 값이 최대가 되도록 t의 값 조절	
화면		

출력되는 ans1의 값과 ans2의 값을 비교하여 검증

[2024학년도 수능 13번]

문제	그림과 같이 $\overline{AB}=3$, $\overline{BC}=\sqrt{13}$, $\overline{AD}\times\overline{CD}=9$, $\angle BAC=\dfrac{\pi}{3}$인 사각형 ABCD가 있다. 삼각형 ABC의 넓이를 S_1, 삼각형 ACD의 넓이를 S_2라 하고, 삼각형 ACD의 외접원의 반지름의 길이를 R이라 하자. $S_2=\dfrac{5}{6}S_1$일 때, $\dfrac{R}{\sin(\angle ADC)}$의 값은? [4점] 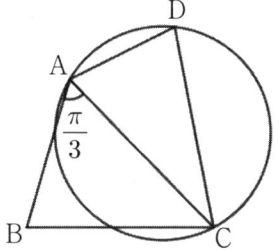 ① $\dfrac{54}{25}$ ② $\dfrac{117}{50}$ ③ $\dfrac{63}{25}$ ④ $\dfrac{27}{10}$ ⑤ $\dfrac{72}{25}$
정답	$\dfrac{54}{25}$

지오지브라 검증)

검증법 요약	주어진 조건의 도형을 작도하여 $\dfrac{R}{\sin(\angle ADC)}$의 값 계산

	〈입력창에 넣을 수식〉	〈수식의 수학적 의미〉
입력	B(0, 0)	점 B(0, 0) 작도
	A(sqrt(13), 0)	점 A($\sqrt{13}$, 0) 작도
	C1 = 원(B, 3)	중심이 B, 반지름의 길이가 3인 원 C_1 작도
	C = 점(C1)	원 C_1 위의 점 C_1 작도
	l1 = 선분(A, B)	선분 $\overline{AB}$ 작도
	l2 = 선분(B, C)	선분 $\overline{BC}$ 작도
	l3 = 선분(C, A)	선분 $\overline{CA}$ 작도
	α = 각(B, C, A)	α = ∠BCA 정의
	보이기설정(C1, 1, false)	불필요한 도형 보이지 않게 숨김

마우스	$\alpha = 60°$ 가 되도록 점 C의 위치 조절	
화면	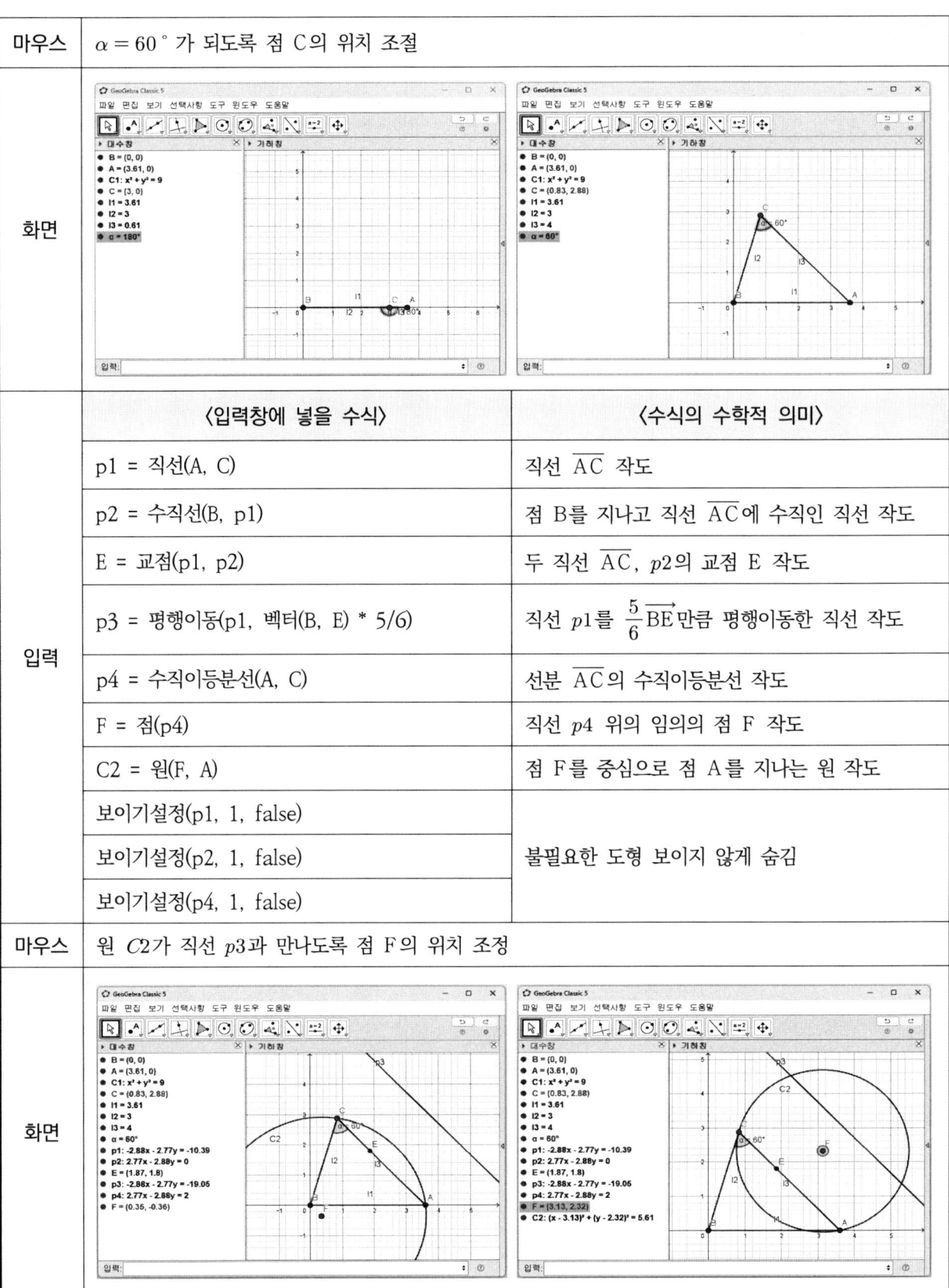	
	⟨입력창에 넣을 수식⟩	⟨수식의 수학적 의미⟩
입력	p1 = 직선(A, C)	직선 $\overline{AC}$ 작도
	p2 = 수직선(B, p1)	점 B를 지나고 직선 $\overline{AC}$에 수직인 직선 작도
	E = 교점(p1, p2)	두 직선 $\overline{AC}$, $p2$의 교점 E 작도
	p3 = 평행이동(p1, 벡터(B, E) * 5/6)	직선 $p1$를 $\dfrac{5}{6}\overrightarrow{BE}$ 만큼 평행이동한 직선 작도
	p4 = 수직이등분선(A, C)	선분 $\overline{AC}$의 수직이등분선 작도
	F = 점(p4)	직선 $p4$ 위의 임의의 점 F 작도
	C2 = 원(F, A)	점 F를 중심으로 점 A를 지나는 원 작도
	보이기설정(p1, 1, false)	불필요한 도형 보이지 않게 숨김
	보이기설정(p2, 1, false)	
	보이기설정(p4, 1, false)	
마우스	원 $C2$가 직선 $p3$과 만나도록 점 F의 위치 조정	
화면		

	⟨입력창에 넣을 수식⟩	⟨수식의 수학적 의미⟩
입력	D = 교점(p3, C2)	직선 $p3$와 원 $C2$의 교점 D 작도
	l4 = 선분(A, D_2)	선분 $\overline{AD_2}$ 작도
	l5 = 선분(C, D_2)	선분 $\overline{CD_2}$ 작도
	adcd = l4 * l5	adcd에 $\overline{AD_2} \times \overline{CD_2}$ 계산값 입력
마우스	$adcd$의 값이 9가 되도록 점 F의 위치 조정	
화면	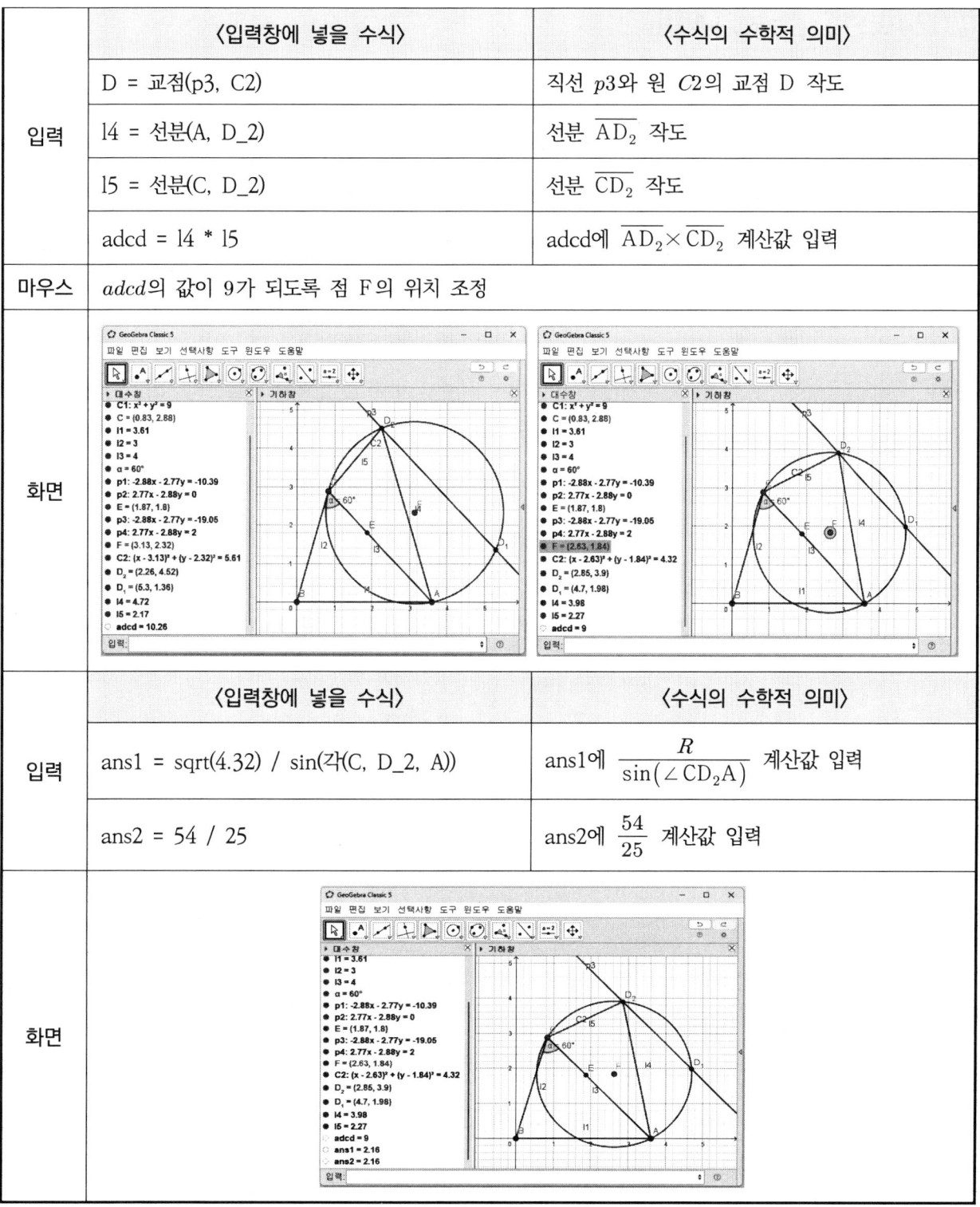	
	⟨입력창에 넣을 수식⟩	⟨수식의 수학적 의미⟩
입력	ans1 = sqrt(4.32) / sin(각(C, D_2, A))	ans1에 $\dfrac{R}{\sin(\angle CD_2A)}$ 계산값 입력
	ans2 = 54 / 25	ans2에 $\dfrac{54}{25}$ 계산값 입력
화면		

출력되는 ans1의 값과 ans2의 값을 비교하여 검증

[2024학년도 수능 14번]

문제	두 자연수 a, b에 대하여 함수 $f(x)$는 $f(x)=\begin{cases} 2x^3-6x+1 & (x \leq 2) \\ a(x-2)(x-b)+9 & (x>2) \end{cases}$ 이다. 실수 t에 대하여 함수 $y=f(x)$의 그래프와 직선 $y=t$가 만나는 점의 개수를 $g(t)$라 하자. $g(k)+\lim\limits_{t \to k-}g(t)+\lim\limits_{t \to k+}g(t)=9$를 만족시키는 실수 k의 개수가 1이 되도록 하는 두 자연수 a, b의 순서쌍 (a, b)에 대하여 $a+b$의 최댓값은? [4점] ① 51 ② 52 ③ 53 ④ 54 ⑤ 55
정답	51

지오지브라 검증)

검증법 요약	함수 $y=f(x)$의 그래프 형태에 따른 조건 만족의 경우 발견

	〈입력창에 넣을 수식〉	〈수식의 수학적 의미〉
입력	a = 슬라이더(1, 10, 1)	$1 \leq a \leq 10$인 자연수 a 정의
	b = 슬라이더(1, 10, 1)	$1 \leq b \leq 10$인 자연수 b 정의
	f(x) = 조건(x<=2, 2x^3-6x+1, a(x-2)(x-b)+9)	$f(x)=\begin{cases} 2x^3-6x+1 & (x \leq 2) \\ a(x-2)(x-b)+9 & (x>2) \end{cases}$ 작도
	f'(x) = 미분(f)	$f'(x)=6x^2-6$ $(x<2)$이므로
	p1: y = f(-1)	$y=2x^3-6x+1$의 극댓값,
	p2: y = f(1)	극솟값 $y=f(-1)$, $y=f(1)$ 작도
	보이기설정(f', 1, false)	$y=f'(x)$ 보이지 않게 숨김
	k = 슬라이더(-10, 10, 0.01)	$-10 \leq k \leq 10$인 k 정의
	p3: y = k	$y=k$ 직선 작도
마우스	$b=1$일 때 a의 값을 변화시켜도 $y=a(x-2)(x-b)+9$ $(x>2)$가 단조증가함을 확인	
	이때 $g(k)+\lim\limits_{t \to k-}g(t)+\lim\limits_{t \to k+}g(t)=9$가 되는 경우가 $-3<k<5$임을 확인	

화면	
마우스	$a=1$, $6 \le b \le 8 (y=a(x-2)(x-b)+9 \ (x>2)$의 극솟값이 -3과 5 사이)일 때 $g(k)+\lim\limits_{t \to k-} g(t)+\lim\limits_{t \to k+} g(t)=9$가 되는 k의 범위가 $-3<k<0$를 포함하고 있음을 확인
화면	
마우스	$a=1$, $b \ge 9(y=a(x-2)(x-b)+9 \ (x>2)$의 극솟값이 -3 미만)일 때 $g(k)+\lim\limits_{t \to k-} g(t)+\lim\limits_{t \to k+} g(t)=9$가 되는 k는 없음을 확인
	$g(k)+\lim\limits_{t \to k-} g(t)+\lim\limits_{t \to k+} g(t)=9$가 되는 k가 유일하려면 $y=a(x-2)(x-b)+9 \ (x>2)$의 극솟값이 -3이 되어야 하므로 $a(b-2)^2=48$이 됨을 확인
화면	

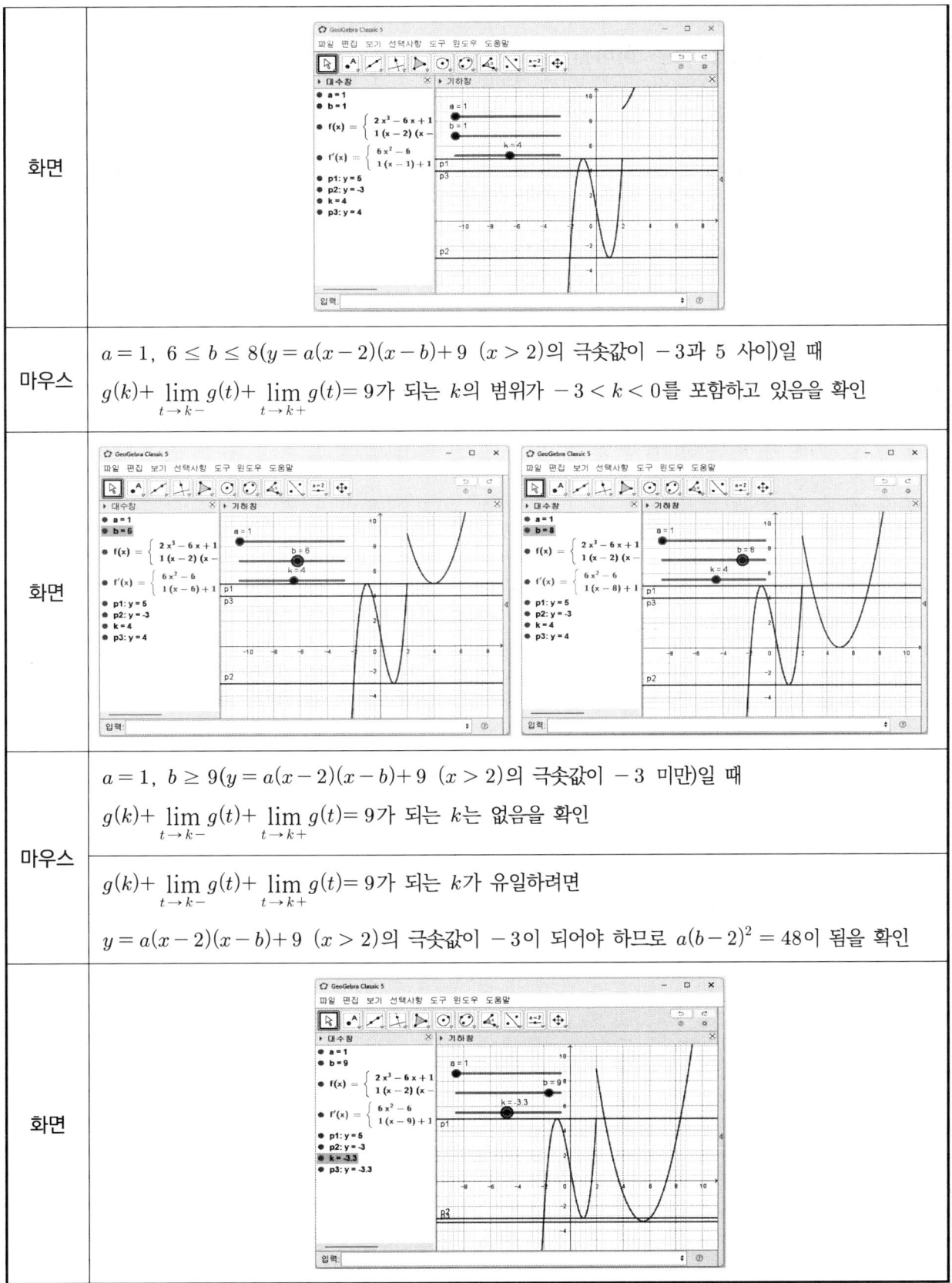

2024학년도 수능

지오지브라 검증 결과에 이은 파이썬 검증)

검증법 요약	지오지브라 그래프에서 얻은 a, b의 조건을 만족하는 모든 a, b의 값을 출력
코드	```for b in range(1, 10) : # b의 값을 1부터 9까지 변화 if b!=2 : # b의 값이 2가 아니면 a = 48 / (b-2)**2 # $a = \dfrac{48}{(b-2)^2}$ 계산값 입력 if int(a) == a : # a가 정수이면 print("a:", int(a), "\t b:", b, "\t a+b:", int(a+b)) # a, b, a+b의 값 출력```
출력	a: 48 b: 1 a+b: 49 a: 48 b: 3 a+b: 51 a: 12 b: 4 a+b: 16 a: 3 b: 6 a+b: 9

출력되는 값을 정답과 비교하여 검증

[2024학년도 수능 15번]

문제	첫째항이 자연수인 수열 $\{a_n\}$이 모든 자연수 n에 대하여 $a_{n+1} = \begin{cases} 2^{a_n} & (a_n \text{이 홀수인 경우}) \\ \frac{1}{2}a_n & (a_n \text{이 짝수인 경우}) \end{cases}$ 를 만족시킬 때, $a_6 + a_7 = 3$이 되도록 하는 모든 a_1의 값의 합은? [4점] ① 139　　② 146　　③ 153　　④ 160　　⑤ 167
정답	153

파이썬 검증)

검증법 요약	조건을 만족하는 수열 a_n 구하기
| 코드 | ```python
a = []    # 수열의 값을 담을 리스트 a 정의
for i in range(8) :    # 8번 반복
    a.append(0)    # 리스트 a에 0 추가

sum = 0    # a1의 값을 누적할 변수 sum 초기화
for a1 in range(1, 500) :    # a1의 값을 1부터 499까지 변화
    a[1] = a1    # 리스트 a[i]에 a1의 값 입력
    for i in range(1, 7) :    # i의 값을 1부터 6까지 변화
        if a[i]%2 != 0 :    # ai의 값이 홀수이면
            a[i+1] = 2**a[i]    # ai+1 = 2^ai 입력
        else :    # 짝수이면
            a[i+1] = a[i]/2    # ai+1 = ai/2 입력
    if a[6]+a[7] == 3 :    # a6+a7이 3이면
        print(a1, end=" ")    # a1의 값을 같은 줄에 출력
        sum += a1    # sum에 a1 누적

print("\n합:", sum)    # 다음 줄에 초항의 합 출력
``` |
| 출력 | 1 2 3 4 5 6 8 12 16 32 64
합: 153 |

출력되는 값을 정답과 비교하여 검증
```

[2024학년도 수능 16번]

문제	방정식 $3^{x-8} = \left(\dfrac{1}{27}\right)^x$ 을 만족시키는 실수 x의 값을 구하시오. [3점]
정답	2

지오지브라 검증)

검증법 요약	두 함수의 그래프의 교점의 x좌표 구하기

	〈입력창에 넣을 수식〉	〈수식의 수학적 의미〉
입력	f(x) = 3^(x-8)	$f(x) = 3^{x-8}$
	g(x) = (1/27)^x	$g(x) = \left(\dfrac{1}{27}\right)^x$
	P = 교점(f, g)	두 곡선 $y = f(x)$, $y = g(x)$의 교점 P 작도
화면	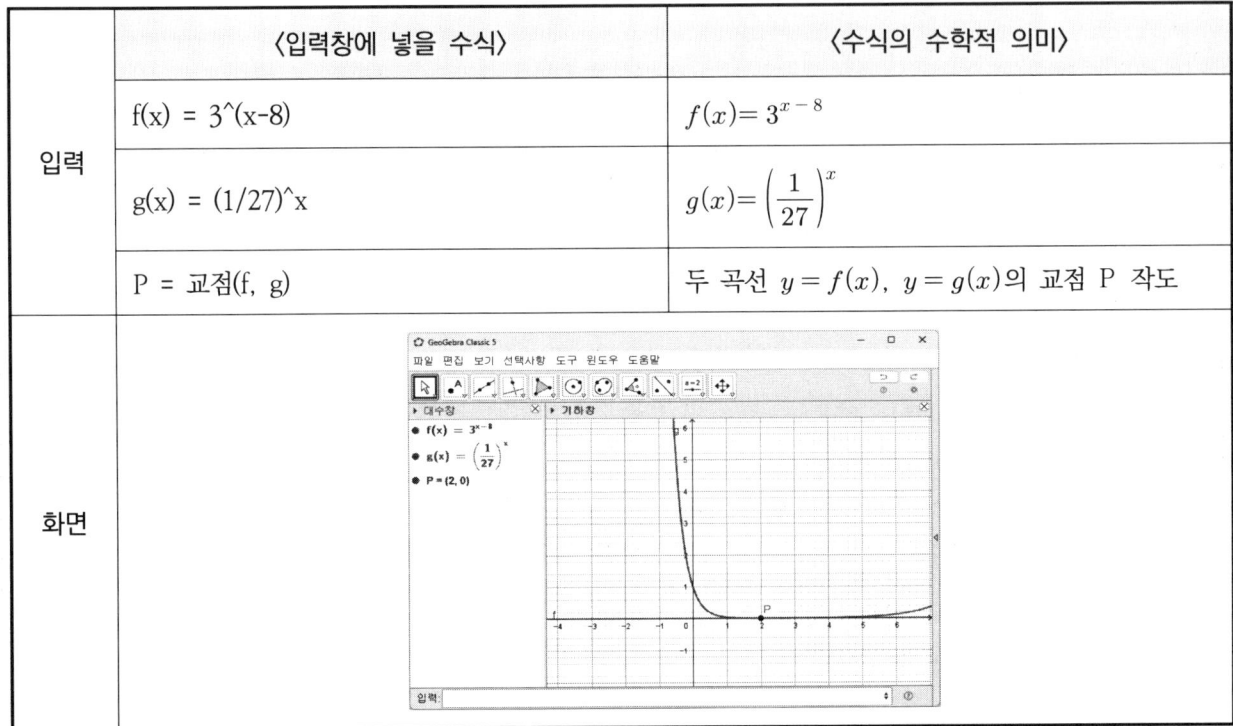	

출력되는 점 P의 x좌표의 값을 정답과 비교하여 검증

[2024학년도 수능 17번]

문제	함수 $f(x)=(x+1)(x^2+3)$에 대하여 $f'(1)$의 값을 구하시오. [3점]
정답	8

지오지브라 검증)

검증법 요약	함수 $f(x)$를 미분하여 1 대입

	⟨입력창에 넣을 수식⟩	⟨수식의 수학적 의미⟩
입력	f(x) = (x+1) (x^2 +3)	$f(x)=(x+1)(x^2+3)$ 작도
	g = 미분(f)	$g(x)=f'(x)$ 작도
	ans = g(1)	ans에 $g(1)$ 계산값 입력
화면	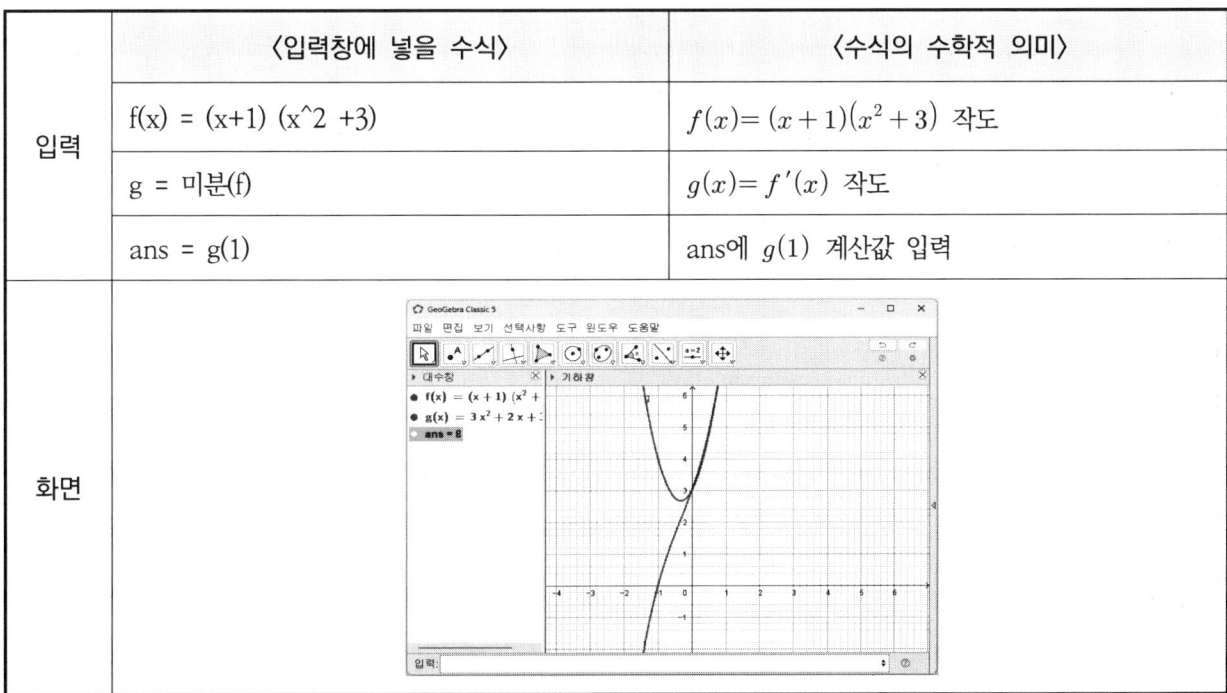	

출력되는 ans의 값을 정답과 비교하여 검증

[2024학년도 수능 18번]

문제	두 수열 $\{a_n\}$, $\{b_n\}$에 대하여 $\sum_{k=1}^{10} a_k = \sum_{k=1}^{10}(2b_k - 1)$, $\sum_{k=1}^{10}(3a_k + b_k) = 33$일 때, $\sum_{k=1}^{10} b_k$의 값을 구하시오. [3점]
정답	9

지오지브라 검증)

검증법 요약	치환을 통해 두 직선의 교점 찾기

	⟨입력창에 넣을 수식⟩	⟨수식의 수학적 의미⟩
입력	p: x = 2y - 10	$x = \sum_{k=1}^{10} a_k$, $y = \sum_{k=1}^{10} b_k$ 로 치환하여 두 직선의 방정식 작도
	q: 3x + y = 33	
	P = 교점(p, q)	두 직선의 교점 P 작도
화면	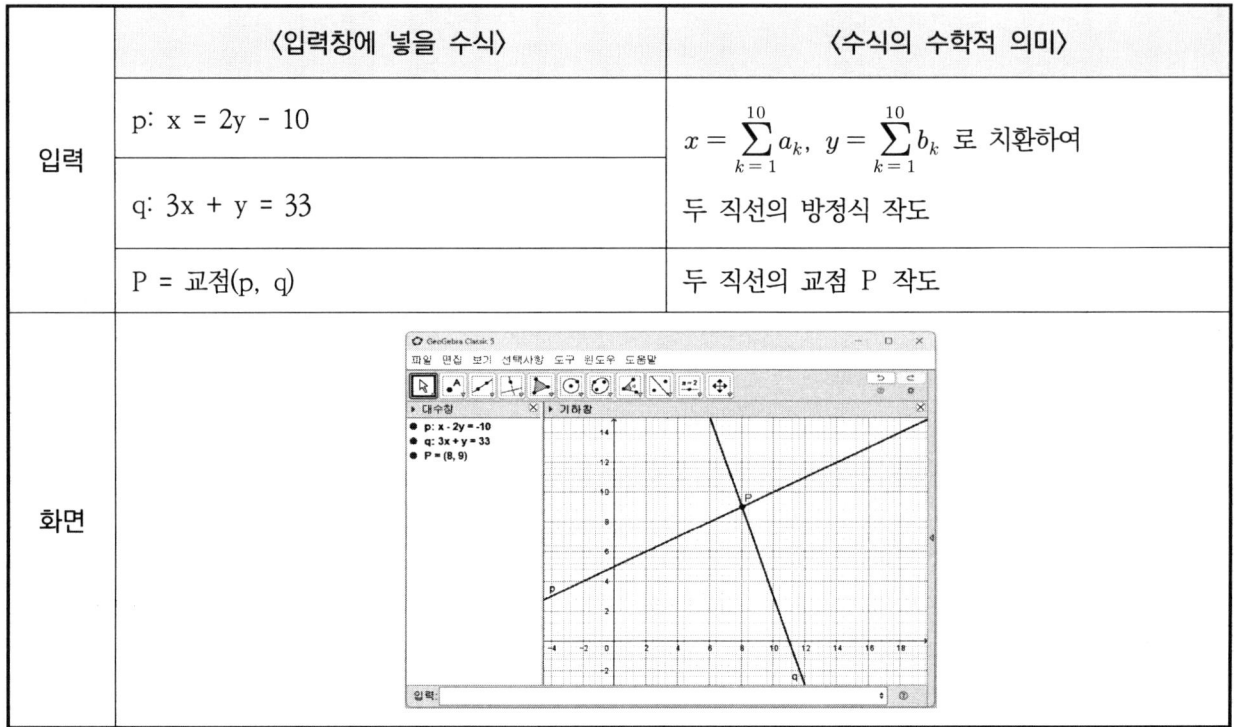	

출력되는 점 P의 y좌표의 값을 정답과 비교하여 검증

[2024학년도 수능 19번]

문제	함수 $f(x)=\sin\dfrac{\pi}{4}x$라 할 때, $0<x<16$에서 부등식 $f(2+x)f(2-x)<\dfrac{1}{4}$을 만족시키는 모든 자연수 x의 값의 합을 구하시오. [3점]
정답	32

파이썬 검증)

검증법 요약	주어진 부등식을 만족하는 자연수의 합 구하기
| 코드 | ```
import math    # math 라이브러리 읽기
import numpy    # numpy 라이브러리 읽기
sum = 0    # x의 값을 누적할 sum 변수 초기화
for x in range(1, 16) :    # x의 값을 1부터 15까지 변화
    calc = numpy.sin(2 + x * math.pi / 4) * numpy.sin(2 - x * math.pi / 4)
        # calc에 f(x+2)f(x-2) 계산값 입력
    if calc < 1/4 :    # calc가 $\dfrac{1}{4}$보다 작으면
        sum += x    # sum에 x의 값 누적
print(sum)    # sum 출력
``` |
| 출력 | 32 |

출력되는 값을 정답과 비교하여 검증
```

[2024학년도 수능 20번]

문제	$a > \sqrt{2}$인 실수 a에 대하여 함수 $f(x)$를 $f(x) = -x^3 + ax^2 + 2x$라 하자. 곡선 $y = f(x)$ 위의 점 O(0, 0)에서의 접선이 곡선 $y = f(x)$와 만나는 점 중 O가 아닌 점을 A라 하고, 곡선 $y = f(x)$ 위의 점 A에서의 접선이 x축과 만나는 점을 B라 하자. 점 A가 선분 OB를 지름으로 하는 원 위의 점일 때, $\overline{OA} \times \overline{AB}$의 값을 구하시오. [4점]
정답	25

지오지브라 검증)

검증법 요약	주어진 조건으로 도형을 작도하여 점 A가 원 위의 점일 때의 값 계산

	⟨입력창에 넣을 수식⟩	⟨수식의 수학적 의미⟩
입력	a = 슬라이더(sqrt(2)+0.0001, 2, 0.0001)	$\sqrt{2} + 0.0001 \leq a \leq 2$인 a 정의
	f(x) = -x^3 +ax^2 + 2x	$f(x) = -x^3 + ax^2 + 2x$ 작도
	O(0, 0)	원점 (0, 0) 작도
	g: 접선(O, f)	원점에서의 $y = f(x)$의 접선 $y = g(x)$ 작도
	A = 교점(f, g)	두 함수 $y = f(x)$, $y = g(x)$의 교점 A_1, A_2 작도
	h: 접선(A_2, f)	점 A_2에서의 $y = f(x)$의 접선 $y = h(x)$ 작도
	p: y=0	직선 $y = 0$ 작도
	B = 교점(h, p)	두 함수 $y = h(x)$, $y = 0$의 교점 B 작도
	C = 원(중점(O,B), O)	선분 $\overline{OB}$의 중점을 중심으로, 점 O를 지나는 원 작도
	ans = 선분(O, A_2) * 선분(A_2, B)	ans에 $\overline{OA_2} \times \overline{A_2B}$ 계산값 입력
마우스	점 A_2가 원 위에 있도록 a의 값 조절	

화면

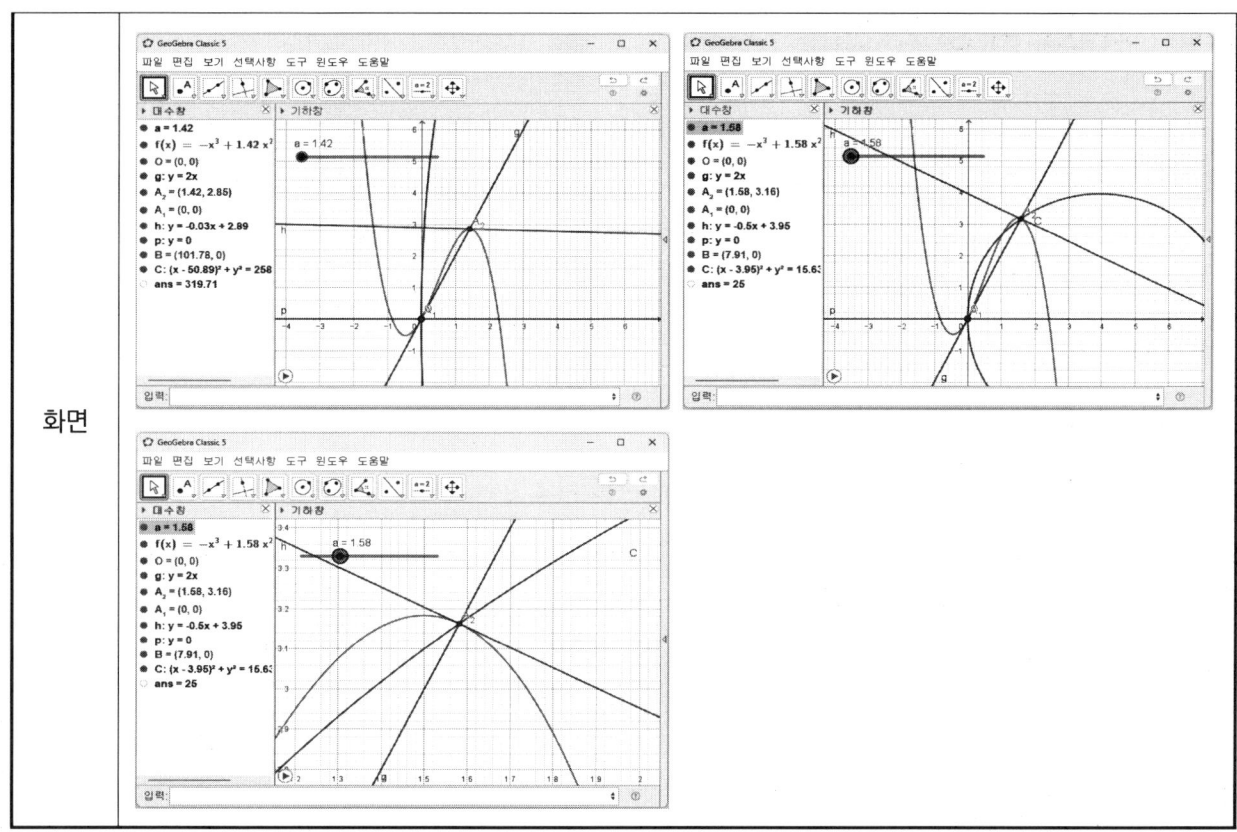

출력되는 ans의 값을 정답과 비교하여 검증

[2024학년도 수능 21번]

문제	양수 a에 대하여 $x \geq -1$에서 정의된 함수 $f(x)$는 $f(x) = \begin{cases} -x^2 + 6x & (-1 \leq x < 6) \\ a\log_4(x-5) & (x \geq 6) \end{cases}$ 이다. $t \geq 0$인 실수 t에 대하여 닫힌구간 $[t-1, t+1]$에서의 $f(x)$의 최댓값을 $g(t)$라 하자. 구간 $[0, \infty)$에서 함수 $g(t)$의 최솟값이 5가 되도록 하는 양수 a의 최솟값을 구하시오. [4점]
정답	10

지오지브라 검증)

검증법 요약	t의 값의 변화에 따른 $[t-1, t+1]$에서의 $y = f(x)$의 그래프를 그려 a의 최솟값 발견

	⟨입력창에 넣을 수식⟩	⟨수식의 수학적 의미⟩
입력	a = 슬라이더(0.01, 10, 0.01)	$0.01 \leq a \leq 10$인 a 정의
	f = 조건(-1<=x<6, -x^2+6x, x>=6, a log(4, x-5))	$f(x) = \begin{cases} -x^2 + 6x & (-1 \leq x < 6) \\ a\log_4(x-5) & (x \geq 6) \end{cases}$ 작도
	t = 슬라이더(0, 10, 0.01)	$0 \leq t \leq 10$인 t 정의
	g = 조건(t-1<=x<=t+1, f)	$g(x) = f(x)$ $(t-1 \leq x \leq t+1)$ 작도
	A = (t-1, f(t-1))	점 $A(t-1, f(t-1))$ 작도
	B = (t+1, f(t+1))	점 $B(t+1, f(t+1))$ 작도
	보이기설정(f, 1, false)	$y = f(x)$ 보이지 않게 숨김
마우스	$0 \leq t \leq 6$일 때 $g(t) = 5$이고, $t > 6$일 때 $g(t) < 5$이므로 $g(t) \geq 5$이려면 경계인 $t = 6$에서 $g(7) = 5$여야 함을 확인	
	$t = 6$에서 $g(7) = 5$가 되도록(두 점 A, B의 y좌표가 같아지도록) a의 값 조절	
화면		

출력되는 a의 값을 정답과 비교하여 검증

[2024학년도 수능 22번]

문제	최고차항의 계수가 1인 삼차함수 $f(x)$가 다음 조건을 만족시킨다. 함수 $f(x)$에 대하여 $f(k-1)(k+1)<0$을 만족시키는 정수 k는 존재하지 않는다. $f'\left(-\dfrac{1}{4}\right)=-\dfrac{1}{4}$, $f'\left(\dfrac{1}{4}\right)<0$일 때, $f(8)$의 값을 구하시오. [4점]
정답	483

파이썬 검증)

검증법 요약	조건을 만족하는 삼차함수의 계수 구하기

코드	# $f(x)=x^3+ax^2+bx+c$일 때 $f'\left(-\dfrac{1}{4}\right)=-\dfrac{1}{4}$에서 $b=\dfrac{8a-7}{16}$, $f'\left(\dfrac{1}{4}\right)<0$에서 $a<\dfrac{1}{4}$
	
	`ans = 0` # 정답을 찾았는지 확인하는 변수 ans 정의
	`i = 250` # a의 값을 정의하는 데에 사용할 변수 i 정의
	`while(ans == 0) :` # ans가 0이면 반복
	  `i -= 1` # i의 값 1 감소
	  `a = i/1000` # $a=\dfrac{i}{1000}$ 입력 (a의 값이 0.25에서 0.001씩 감소)
	  `b = (8*a-7)/16` # $b=\dfrac{8a-7}{16}$ 입력
	  `f_pri_q = 3*(1/4)**2 + 2*a*(1/4) + b` # $f\_pri\_q=f'\left(\dfrac{1}{4}\right)$ 계산값 입력
	  `if f_pri_q < 0 :` # f_pri_q의 값이 음수이면
	    `j = -100` # c의 값을 정의하는 데에 사용할 변수 j 정의
	
	    `while(j < 100) :` # j가 100 미만이면 반복
	      `j += 1` # j의 값 1 증가
	      `c = j/10` # $c=\dfrac{j}{10}$ 입력 (c의 값이 -9.9에서 0.1씩 증가)
	      `check = 0` # $f(k-1)f(k+1)<0$인 정수 존재여부 확인 변수 check 정의
	      `x = -50` # x의 값 정의
	
	      `while(x < 50) :` # x가 50 미만이면 반복

```
            x += 1      # x의 값 1 증가 (−50 < x ≤ 50인 정수 x)
            ft_val = ((x-1)**3 + a*(x-1)**2 + b*(x-1) + c) * ((x+1)**3 + a*(x+1)**2 + b*(x+1) + c)    # 정수 x에 대해 ft_val = f(x) 값 입력
            if ft_val < 0 :    # ft_val의 값이 음수이면
                check = 1    # check 변수에 1 입력
                break    # while(x < 50) 반복문 중단

        if check == 0 :       # check의 값이 0이면 (f(k−1)f(k+1) < 0인 정수 k가
                              −50 < x ≤ 50에 존재하지 않았다면)
            f_a = a    # f_a에 a의 값 입력
            f_c = c    # f_c에 c의 값 입력
            ans = 1    # ans 변수에 1 입력 (while(ans == 0) 반복문 중단)

f8_val = 8**3 + f_a*8**2 + (8*f_a-7)/16*8 + f_c    # f8_val = f(8) 계산값 입력
print(f8_val)    # f(8) 출력
```

| 출력 | 483.0 |

출력되는 값을 정답과 비교하여 검증

[2024학년도 수능 확률과통계23번]

문제	5개의 문자 x, x, y, y, z를 모두 일렬로 나열하는 경우의 수는? [2점] ① 10 ② 20 ③ 30 ④ 40 ⑤ 50
정답	30

파이썬 검증)

검증법 요약	5개의 문자를 나열한 경우를 집합에 담아 집합의 원소의 개수 출력
| 코드 | ```
char = ['x', 'x', 'y', 'y', 'z']    # 5개의 문자를 리스트 char에 입력
seq = set()    # seq를 집합으로 정의
no = set()    # no를 집합으로 정의

for a in range(0, 5) :    # a의 값을 0부터 4까지 변화
  for b in range(0, 5) :    # b의 값을 0부터 4까지 변화
    for c in range(0, 5) :    # c의 값을 0부터 4까지 변화
      for d in range(0, 5) :    # d의 값을 0부터 4까지 변화
        for e in range(0, 5) :    # e의 값을 0부터 4까지 변화
          no.clear()    # 집합 no 변수 내용 삭제
          no.update([a, b, c, d, e])    # 집합 no에 a, b, c, d, e의 값 입력
          if len(no)==5 :    # 집합 no의 원소의 개수가 5이면 (a,b,c,d,e의 값이 모두 다르면)
            seq.add(char[a]+char[b]+char[c]+char[d]+char[e])    # 일렬로 나열한 문자를 집합에 추가

print(len(seq))    # 집합의 원소의 개수 출력
``` |
| 출력 | 30 |

출력되는 값을 정답과 비교하여 검증
```

[2024학년도 수능 확률과통계24번]

문제	두 사건 A, B는 서로 독립이고 $P(A \cap B) = \dfrac{1}{4}$, $P(A^C) = 2P(A)$일 때, $P(B)$의 값은? (단, A^C는 A의 여사건이다.) [3점] ① $\dfrac{3}{8}$ ② $\dfrac{1}{2}$ ③ $\dfrac{5}{8}$ ④ $\dfrac{3}{4}$ ⑤ $\dfrac{7}{8}$
정답	$\dfrac{3}{4}$

지오지브라 검증)

검증법 요약	서로 독립인 두 사건을 각각 좌표평면에서의 x, y로 치환하여 그래프의 교점의 좌표로 계산

	〈입력창에 넣을 수식〉	〈수식의 수학적 의미〉
입력	eq1: x * y = 1/4	$x = P(A)$, $y = P(B)$라 치환하여 $P(A \cap B) = x \times y = \dfrac{1}{4}$ 그래프 작도
	eq2: 1 - x = 2x	$P(A^C) = 2P(A)$에서 $1 - x = 2x$ 작도
	P = 교점(eq1, eq2)	두 방정식의 교점 P 작도
	ans = 3/4	ans에 $\dfrac{3}{4}$ 계산값 입력
화면		

출력되는 점 P의 y좌표의 값을 정답과 비교하여 검증

[2024학년도 수능 확률과통계25번]

문제	숫자 1, 2, 3, 4, 5, 6이 하나씩 적혀 있는 6장의 카드가 있다. 이 6장의 카드를 모두 한 번씩 사용하여 일렬로 임의로 나열할 때, 양 끝에 놓인 카드에 적힌 두 수의 합이 10 이하가 되도록 카드가 놓일 확률은? [3점] ① $\dfrac{8}{15}$ ② $\dfrac{19}{30}$ ③ $\dfrac{11}{15}$ ④ $\dfrac{5}{6}$ ⑤ $\dfrac{14}{15}$
정답	$\dfrac{14}{15}$

파이썬 검증)

검증법 요약	조건을 만족하는 모든 경우의 수 세기

| 코드 | ```python
import math        # 파이썬 수학 모듈 읽기

no = set()    # no를 집합으로 정의
cnt = 0    # 해당 사건의 개수를 세는 변수 cnt 초기화
cnt_total = 0    # 모든 경우의 수를 세는 변수 cnt_total 초기화
for a in range(1, 7) :    # a의 값을 1부터 6까지 변화
  for b in range(1, 7) :    # b의 값을 1부터 6까지 변화
    for c in range(1, 7) :    # c의 값을 1부터 6까지 변화
      for d in range(1, 7) :    # d의 값을 1부터 6까지 변화
        for e in range(1, 7) :    # e의 값을 1부터 6까지 변화
          for f in range(1, 7) :    # f의 값을 1부터 6까지 변화
            no.clear()    # 집합 no 변수 내용 삭제
            no.update([a, b, c, d, e, f])    # 집합 no에 a, b, c, d, e, f의 값 입력
            if len(no)==6 :    # 집합 no의 원소의 개수가 6이면 (a,b,c,d,e,f의 값이 모두 다르면)
              cnt_total += 1    # cnt_total의 값 1 추가
              if a+f <= 10 :    # 양 끝에 놓인 카드의 수의 합이 10 이하면
                cnt += 1    # cnt의 값 1 추가

gcd = math.gcd(cnt, cnt_total)    # 개수와 전체 경우의 수의 최대공약수
print(int(cnt/gcd), '/', int(cnt_total/gcd)) # 확률값의 분자, 분모 표현을 위해 사건의 경우의 수와 전체 경우의 수를 각각 최대공약수로 나눈 정수값 출력
``` |
|---|---|
| 출력 | 14 / 15 |

출력되는 값을 정답과 비교하여 검증
```

[2024학년도 수능 확률과통계26번]

문제	4개의 동전을 동시에 던져서 앞면이 나오는 동전의 개수를 확률변수 X라 하고, 이산확률변수 Y를 $Y = \begin{cases} X & (X\text{가 0 또는 1의 값을 가지는 경우}) \\ 2 & (X\text{가 2 이상의 값을 가지는 경우}) \end{cases}$ 라 하자. $E(Y)$의 값은? [3점] ① $\dfrac{25}{16}$ ② $\dfrac{13}{8}$ ③ $\dfrac{27}{16}$ ④ $\dfrac{7}{4}$ ⑤ $\dfrac{29}{16}$
정답	$\dfrac{13}{8}$

파이썬 검증)

검증법 요약	확률변수 Y를 구하여 $E(Y)$의 값 계산
| 코드 | ```
x = [0,0,0,0,0]    # 확률변수 X의 값을 담을 리스트 x 정의

for a in range(0, 2) :    # a의 값을 0부터 1까지 변화
  for b in range(0, 2) :    # b의 값을 0부터 1까지 변화
    for c in range(0, 2) :    # c의 값을 0부터 1까지 변화
      for d in range(0, 2) :    # d의 값을 0부터 1까지 변화
        x[a+b+c+d] += 1    # 리스트 x의 a+b+c+d번째의 값 1 증가

y = [x[0], x[1], x[2]+x[3]+x[4]]    # 확률변수 Y의 빈도 저장
total = x[0] + x[1] + x[2] + x[3] + x[4]    # total에 확률변수 Y의 빈도의 합 입력
py = [y[0]/total, y[1]/total, y[2]/total]    # P(Y)의 값을 리스트 py에 저장

print(0*py[0] + 1*py[1] + 2*py[2], 13/8)    # E(Y)의 값과 정답 출력
``` |
| 출력 | 1.625 1.625 |

출력되는 값을 정답과 비교하여 검증
```

[2024학년도 수능 확률과통계28번]

문제	하나의 주머니와 두 상자 A, B가 있다. 주머니에는 숫자 1, 2, 3, 4가 하나씩 적힌 4장의 카드가 들어 있고, 상자 A에는 흰 공과 검은 공이 각각 8개 이상 들어 있고, 상자 B는 비어 있다. 이 주머니와 두 상자 A, B를 사용하여 다음 시행을 한다. 주머니에서 임의로 한 장의 카드를 꺼내어 카드에 적힌 수를 확인한 후 다시 주머니에 넣는다. 확인한 수가 1이면 상자 A에 있는 흰 공 1개를 상자 B에 넣고, 확인한 수가 2 또는 3이면 상자 A에 있는 흰 공 1개와 검은 공 1개를 상자 B에 넣고, 확인한 수가 4이면 상자 A에 있는 흰 공 2개와 검은 공 1개를 상자 B에 넣는다. 이 시행을 4번 반복한 후 상자 B에 들어 있는 공의 개수가 8일 때, 상자 B에 들어 있는 검은 공의 개수가 2일 확률은? [4점] ① $\dfrac{3}{70}$ ② $\dfrac{2}{35}$ ③ $\dfrac{1}{14}$ ④ $\dfrac{3}{35}$ ⑤ $\dfrac{1}{10}$
정답	$\dfrac{3}{35}$

파이썬 검증)

검증법 요약	조건부 확률을 만족시키는 경우의 수를 모두 세어 확률값 계산
| 코드 | ```python
import math         # 파이썬 수학 모듈 읽기

x = []    # 1번 카드, 2번이거나 3번 카드, 4번 카드가 나오는 경우를 넣을 리스트 x 정의
x_con = []    # 검은 공 6개, 흰 공 2개가 되는 경우를 넣을 리스트 x_con 정의
for x1 in range(0, 5) :    # x1의 값을 0부터 4까지 변화(카드의 수가 1이 나오는 회수)
    for x23 in range(0, 5) :    # x23의 값을 0부터 4까지 변화(카드의 수가 2 또는 3이 나오는 회수)
        for x4 in range(0, 5) :    # x4의 값을 0부터 4까지 변화(카드의 수가 4가 나오는 회수)
            if (x1 + 2*x23 + 3*x4) == 8 :
                # 1이 나온 회수 + (2 또는 3이 나온 회수)*2 + 4가 나온 회수 = 8이면
                x.append([x1, x23, x4])    # x1, x23, x4의 값을 리스트 x에 추가
                if (x1 + x23 + 2*x4) == 6 and (x23 + x4) == 2 :
                    # 흰 공의 개수가 6, 검은 공의 개수가 2이면
                    x_con.append([x1, x23, x4])
                        # x1, x23, x4의 값을 리스트 x_con에 추가
``` |
```

```
cnt_total = 0    # 전체 경우의 수를 셀 변수 cnt_total 정의
cnt = 0    # 해당 사건 경우의 수를 셀 변수 cnt 정의

for i in x :    # 리스트 x의 목록만큼 반복
    for a in range(1, 5) :    # a의 값을 1부터 4까지 변화 (첫번재 시행)
        for b in range(1, 5) :    # b의 값을 1부터 4까지 변화 (두번재 시행)
            for c in range(1, 5) :    # c의 값을 1부터 4까지 변화 (세번재 시행)
                for d in range(1, 5) :    # d의 값을 1부터 4까지 변화 (네번재 시행)
                    temp = [a,b,c,d]    # a,b,c,d의 값을 리스트 temp에 입력
                    if temp.count(1)==i[0] and (temp.count(2)+temp.count(3))==i[1] and temp.count(4)==i[2] :    # a,b,c,d의 회수가 리스트 x의 회수와 같으면(순서 무시)
                        cnt_total += 1    # cnt_total 변수에 1 누적
                        for j in x_con :    # 리스트 x_con의 목록만큼 반복
                            if temp.count(1)==j[0] and (temp.count(2)+temp.count(3))==j[1] and temp.count(4)==j[2] :    # a,b,c,d의 회수가 리스트 x_con의 회수와 같으면(순서 무시)
                                cnt += 1    # cnt 변수에 1 누적

gcd = math.gcd(cnt, cnt_total)    # 개수와 전체 경우의 수의 최대공약수
print(int(cnt/gcd), '/', int(cnt_total/gcd))    # 확률값의 분자, 분모 표현을 위해 사건의 경우의 수와 전체 경우의 수를 각각 최대공약수로 나눈 정수값 출력
```

| 출력 | 3 / 35 |

출력되는 값을 정답과 비교하여 검증

[2024학년도 수능 확률과통계29번]

문제	다음 조건을 만족시키는 6 이하의 자연수 a, b, c, d의 모든 순서쌍 (a, b, c, d)의 개수를 구하시오. [4점] $a \leq c \leq d$이고 $b \leq c \leq d$이다.
정답	196

파이썬 검증)

검증법 요약	조건을 만족하는 경우의 수 세기
| 코드 | ```
cnt = 0    # 조건을 만족하는 경우의 수를 담을 변수 cnt 정의

for a in range(1, 7) :     # a의 값을 1부터 6까지 변화
  for b in range(1, 7) :     # b의 값을 1부터 6까지 변화
    for c in range(max(a,b), 7) :     # c의 값을 a과 b 중 큰 값부터 6까지 변화
      for d in range(c, 7) :    # d의 값을 c부터 6까지 변화
        cnt += 1    # cnt 변수에 1 누적

print(cnt)    # cnt 변수의 값 출력
``` |
| 출력 | 196 |

출력되는 값을 정답과 비교하여 검증
```

[2024학년도 수능 확률과통계30번]

문제	양수 t에 대하여 확률변수 X가 정규분포 $\mathrm{N}(1, t^2)$을 따른다. $$\mathrm{P}(X \leq 5t) \geq \frac{1}{2}$$ 이 되도록 하는 모든 양수 t에 대하여 $$\mathrm{P}(t^2 - t + 1 \leq X \leq t^2 + t + 1)$$ 의 최댓값을 오른쪽 표준정규분포표를 이용하여 구한 값을 k라 하자. $1000 \times k$의 값을 구하시오. [4점]	z | $\mathrm{P}(0 \leq Z \leq z)$ 0.6 | 0.226 0.8 | 0.288 1.0 | 0.341 1.2 | 0.385 1.4 | 0.419
정답	673	

파이썬 검증)

검증법 요약	$\mathrm{P}(X \leq 5t) \geq \frac{1}{2}$인 모든 t에 대해 $\mathrm{P}(t^2 - t + 1 \leq X \leq t^2 + t + 1)$의 최댓값 계산
| 코드 | ```python
from scipy.stats import norm   # 수학 함수 라이브러리 호출

n = 1    # 변수 n에 1 입력
max = 0  # 최댓값을 담을 변수 max 초기화

while(n < 1000) :    # n < 100이면 반복
  t = n / 100    # t = n/100 입력 (0.01 ≤ t ≤ 10.00인 t 정의)
  pro1 = norm.cdf(5*t, 1, t)   # pro1에 P(X ≤ 5t) 계산값 입력
  if pro1 >= 1/2 :    # P(X ≤ 5t) ≥ 1/2 이면
    pro2 = norm.cdf(t**2 + t + 1, 1, t) - norm.cdf(t**2 - t + 1, 1, t)
       # pro2에 P(t²-t+1 ≤ X ≤ t²+t+1) 계산값 입력
    if max < pro2 :    # max < pro2 이면
      max = round(pro2, 3)
         # max에 pro2의 값을 소수점 셋째자리까지 입력 (넷째자리 반올림)
  n += 1    # n의 값에 1 누적

print(int(max*1000))    # 확률의 최댓값에 1000을 곱한 값을 정수로 출력
``` |
| 출력 | 673 |

출력되는 값을 정답과 비교하여 검증
```

[2024학년도 수능 미적분23번]

문제	$\lim\limits_{x \to 0} \dfrac{\ln(1+3x)}{\ln(1+5x)}$의 값은? [2점] ① $\dfrac{1}{5}$ ② $\dfrac{2}{5}$ ③ $\dfrac{3}{5}$ ④ $\dfrac{4}{5}$ ⑤ 1
정답	$\dfrac{3}{5}$

파이썬 검증)

검증법 요약	x의 값이 0에 근사할 때 함숫값이 정답에 근사하는지 확인

| 코드 | ```
import math    # 수학 모듈 읽기

print("x=0에서의 좌극한")
for i in range(1, 5) :    # i의 값을 1부터 4까지 변화
    x = 0 - 1 / 10**i    # x의 값을 $-\dfrac{1}{10^i}$로 정의
    calc = math.log(1 + 3*x) / math.log(1 + 5*x)    # calc에 의 계산값 입력
    print(x, calc)    # x와 calc 값 출력

print("x=0에서의 우극한")
for i in range(1, 5) :    # i의 값을 1부터 4까지 변화
    x = 0 + 1 / 10**i    # x의 값을 $\dfrac{1}{10^i}$로 정의
    calc = math.log(1 + 3*x) / math.log(1 + 5*x)    # calc에 의 계산값 입력
    print(x, calc)    # x와 calc 값 출력

print("정답 :", 3/5)    # 정답을 소수로 출력
``` |
| 출력 | x=0에서의 좌극한
-0.1 0.5145731728297583
-0.01 0.5938243555692018
-0.001 0.5993982945311936
-0.0001 0.5999399829945481 |
```

x=0에서의 우극한
0.1 0.647069893860019
0.01 0.6058352691517193
0.001 0.6005983054313203
0.0001 0.600059983005448
정답 : 0.6

출력되는 값을 정답과 비교하여 검증

[2024학년도 수능 미적분24번]

문제	매개변수 t $(t>0)$으로 나타내어진 곡선 $x=\ln(t^3+1)$, $y=\sin \pi t$에서 $t=1$일 때, $\dfrac{dy}{dx}$의 값은? [3점] ① $-\dfrac{1}{3}\pi$ ② $-\dfrac{2}{3}\pi$ ③ $-\pi$ ④ $-\dfrac{4}{3}\pi$ ⑤ $-\dfrac{5}{3}\pi$
정답	$-\dfrac{2}{3}\pi$

지오지브라 검증)

검증법 요약	매개변수 방정식을 그려 접선의 기울기 계산

	〈입력창에 넣을 수식〉	〈수식의 수학적 의미〉
입력	f: 곡선(ln(t³ + 1), sin(π t), t, 0, 10)	$0 \le t \le 10$ 범위에서 $x=\ln(t^3+1)$, $y=\sin \pi t$인 매개변수 방정식 도형 f 작도
	A(ln2, sin pi)	$t=1$일 때 매개변수 방정식이 지나는 점 A 작도
	p: 접선(A, f)	점 A에서의 곡선 f의 접선 p 작도
	ans = -2pi / 3	ans에 $-\dfrac{2\pi}{3}$ 계산값 입력
화면	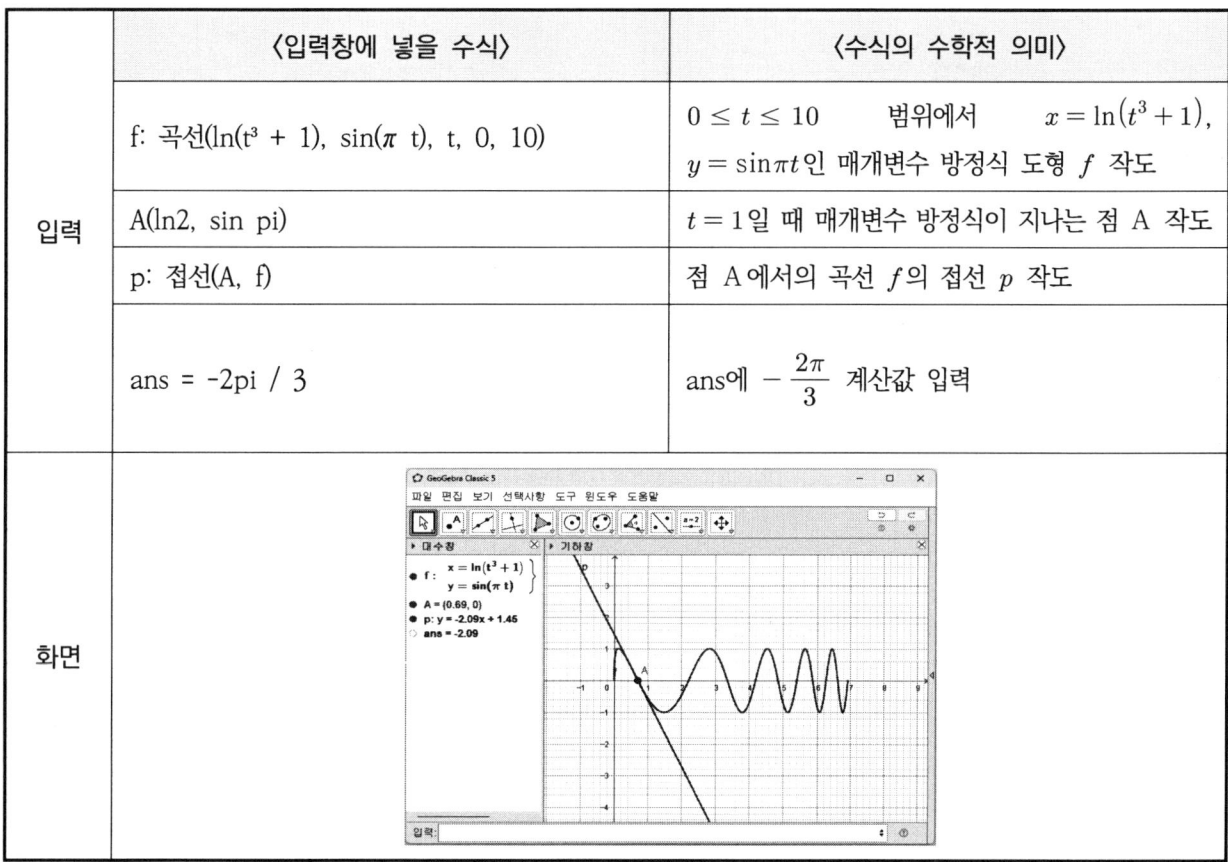	

출력되는 직선 p의 기울기를 ans의 값과 비교하여 검증

[2024학년도 수능 미적분26번]

문제	그림과 같이 곡선 $y = \sqrt{(1-2x)\cos x}$ $\left(\dfrac{3}{4}\pi \leq x \leq \dfrac{5}{4}\pi\right)$와 x축 및 두 직선 $x = \dfrac{3}{4}\pi$, $x = \dfrac{5}{4}\pi$로 둘러싸인 부분을 밑면으로 하는 입체도형이 있다. 이 입체도형을 x축에 수직인 평면으로 자른 단면이 모두 정사각형일 때, 이 입체도형의 부피는? [3점] 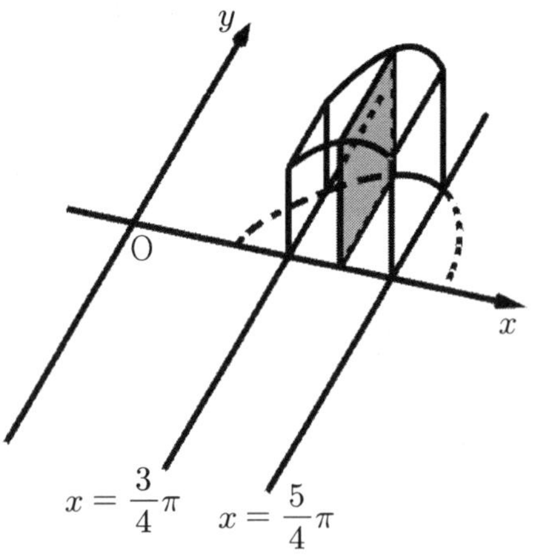 ① $\sqrt{2}\pi - \sqrt{2}$ ② $\sqrt{2}\pi - 1$ ③ $2\sqrt{2}\pi - \sqrt{2}$ ④ $2\sqrt{2}\pi - 1$ ⑤ $2\sqrt{2}\pi$
정답	$2\sqrt{2}\pi - \sqrt{2}$

지오지브라 검증)

검증법 요약	입체도형의 부피를 정적분으로 계산

	〈입력창에 넣을 수식〉	〈수식의 수학적 의미〉
입력	f: 조건(3pi/4<=x<=5pi/4, sqrt((1-2x)*cosx))	$y = f(x)$ 작도
	ans1 = 적분차(f^2, 0, 3pi/4, 5pi/4)	ans1에 $\displaystyle\int_{\frac{3\pi}{4}}^{\frac{5\pi}{4}} \{f(x)\}^2 dx$ 계산값 입력
	ans2 = 2sqrt(2)pi - sqrt(2)	ans2에 $2\sqrt{2}\pi - \sqrt{2}$ 계산값 입력
화면	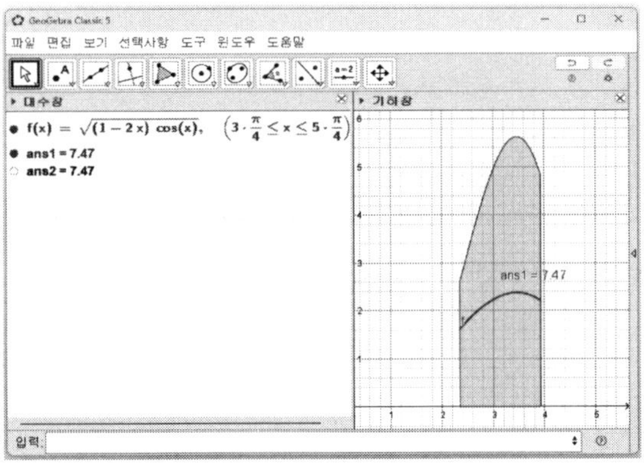	

출력되는 ans1의 값과 ans2의 값을 비교하여 검증

[2024학년도 수능 미적분28번]

문제	실수 전체의 집합에서 연속인 함수 $f(x)$가 모든 실수 x에 대하여 $f(x) \geq 0$이고, $x < 0$일 때 $f(x) = -4xe^{4x^2}$이다. 모든 양수 t에 대하여 x에 대한 방정식 $f(x) = t$의 서로 다른 실근의 개수는 2이고, 이 방정식의 두 실근 중 작은 값을 $g(t)$, 큰 값을 $h(t)$라 하자. 두 함수 $g(t), h(t)$는 모든 양수 t에 대하여 $2g(t) + h(t) = k$ (k는 상수)를 만족시킨다. $\int_0^7 f(x)dx = e^4 - 1$일 때, $\dfrac{f(9)}{f(8)}$의 값은? [4점] ① $\dfrac{3}{2}e^5$ ② $\dfrac{4}{3}e^7$ ③ $\dfrac{5}{4}e^9$ ④ $\dfrac{6}{5}e^{11}$ ⑤ $\dfrac{7}{6}e^{13}$
정답	$\dfrac{4}{3}e^7$

지오지브라 검증)

검증법 요약	조건을 만족하는 함수 $y = f(x)$의 개형 찾기

	〈입력창에 넣을 수식〉	〈수식의 수학적 의미〉
입력	f1(x) = 조건(x <= 0, -4x e^(4x²))	$f1(x) = -4xe^{4x^2}$ ($x \leq 0$) 작도
	k = 슬라이더(0, 10, 0.01)	$0 \leq k \leq 10$인 k 정의
	f2(x) = f1((-x+k)/2)	$f2(x) = f1\left(\dfrac{-x+k}{2}\right)$ 작도 ($y = f1\left(\dfrac{x}{2}\right)$ 그래프를 $x = \dfrac{k}{2}$에 대하여 대칭)
	f(x) = 조건(x<=0, f1(x), 0<x<k, 0, x>=k, f2(x))	$f(x) = \begin{cases} f1(x) & (x \leq 0) \\ 0 & (0 < x < k) \\ f2(x) & (x \geq k) \end{cases}$ 작도
	int1 = e^4 - 1	int1에 $e^4 - 1$ 계산값 입력
	m = 슬라이더(0, 5, 0.1)	$0 \leq m \leq 5$인 m 정의
	int2 = 적분차(f2, 0, k, k+m)	int2에 $\displaystyle\int_k^{k+m} f2(x)dx$ 계산값 입력
마우스	int1과 int2의 값이 같도록 m의 값 조절	

화면	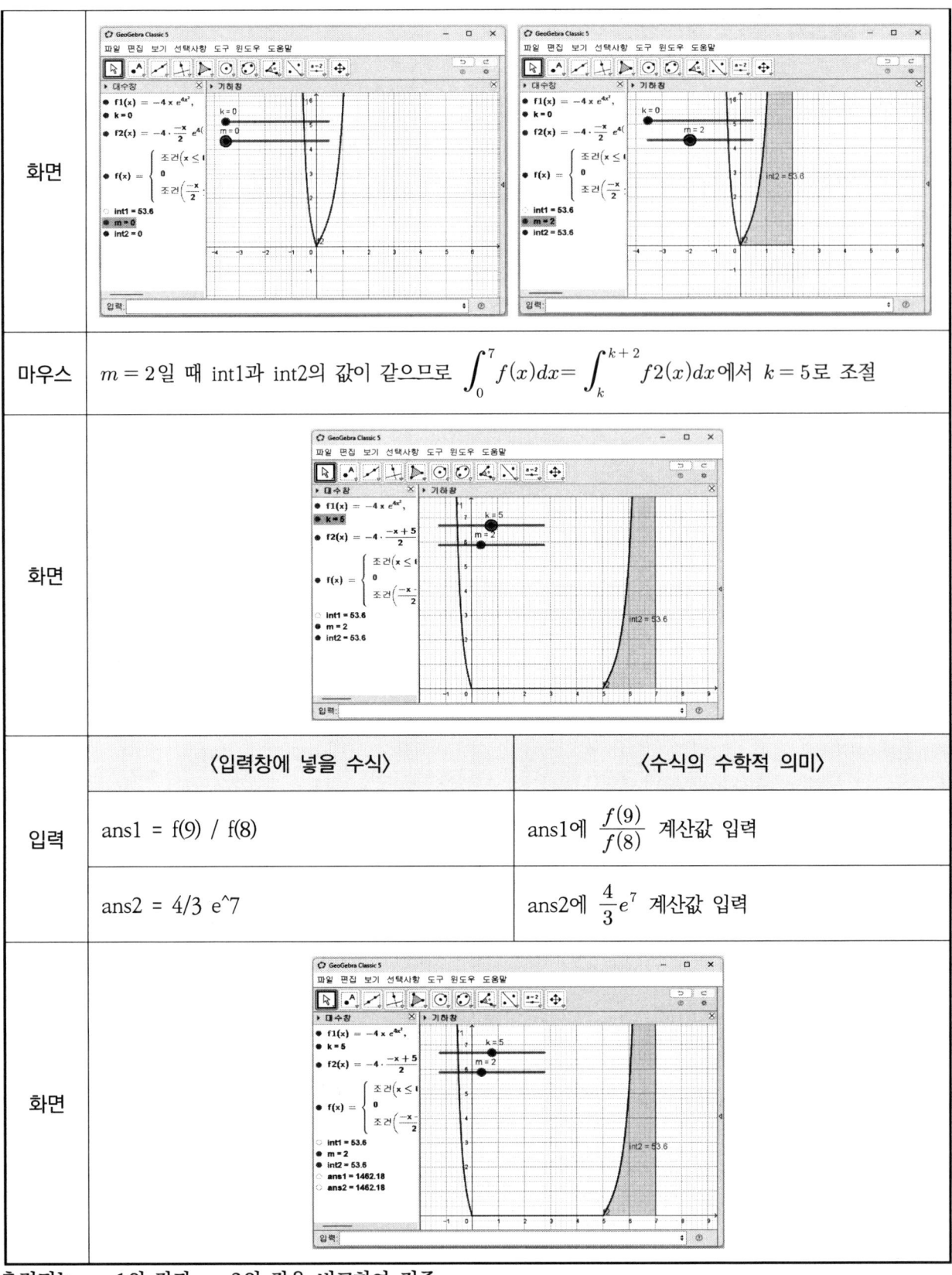	
마우스	$m=2$일 때 int1과 int2의 값이 같으므로 $\int_0^7 f(x)dx = \int_k^{k+2} f2(x)dx$에서 $k=5$로 조절	
화면		
	〈입력창에 넣을 수식〉	〈수식의 수학적 의미〉
입력	ans1 = f(9) / f(8)	ans1에 $\dfrac{f(9)}{f(8)}$ 계산값 입력
	ans2 = 4/3 e^7	ans2에 $\dfrac{4}{3}e^7$ 계산값 입력
화면		

출력되는 ans1의 값과 ans2의 값을 비교하여 검증

[2024학년도 수능 미적분29번]

문제	첫째항과 공비가 각각 0이 아닌 두 등비수열 $\{a_n\}$, $\{b_n\}$에 대하여 두 급수 $\sum_{n=1}^{\infty} a_n$, $\sum_{n=1}^{\infty} b_n$이 각각 수렴하고 $\sum_{n=1}^{\infty} a_n b_n = \left(\sum_{n=1}^{\infty} a_n\right) \times \left(\sum_{n=1}^{\infty} b_n\right)$, $3 \times \sum_{n=1}^{\infty} |a_{2n}| = 7 \times \sum_{n=1}^{\infty} |a_{3n}|$이 성립한다. $\sum_{n=1}^{\infty} \frac{b_{2n-1} + b_{3n+1}}{b_n} = S$ 일 때, $120S$의 값을 구하시오. [4점]
정답	162

파이썬 검증)

검증법 요약	두 등비급수의 공비를 찾아 정답 계산

코드	`# 수열 {a_n}의 초항과 공비를 각각 a, r, 수열 {b_n}의 초항과 공비를 각각 b, s라 하면`
	# $\sum_{n=1}^{\infty} a_n b_n = \left(\sum_{n=1}^{\infty} a_n\right) \times \left(\sum_{n=1}^{\infty} b_n\right)$에서 $1 - rs = (1-r)(1-s)$이고
	# $3 \times \sum_{n=1}^{\infty} |a_{2n}| = 7 \times \sum_{n=1}^{\infty} |a_{3n}|$에서 $\frac{3}{1-|r|^2} = \frac{7}{1-|r|^3}$이므로
	`for i in range(-999, 1000) :` # i의 값 -999부터 999까지 변화
	  `for j in range(-999, 1000) :` # j의 값 -999부터 999까지 변화
	    `r = i/1000` # $r = \frac{i}{1000}$ 계산값 입력 ($-0.99 \leq r \leq 0.99$)
	    `s = j/1000` # $s = \frac{j}{1000}$ 계산값 입력 ($-0.99 \leq s \leq 0.99$)
	    `if r!=0 and s!=0 :` # r도 s도 모두 0이 아니면
	      `if (1-(r*s))==((1-r)*(1-s)) and (3/(1-abs(r)**2))==(7*abs(r)/(1-abs(r)**3)) :`
	        # $1 - rs = (1-r)(1-s)$이고 $\frac{3}{1-|r|^2} = \frac{7}{1-|r|^3}$이면
	        `br = s` # br에 s의 값 입력
	`sum = 0` # $\sum_{n=1}^{500} \frac{b_{2n-1} + b_{3n+1}}{b_n}$의 값을 담을 변수 sum 정의
	`for n in range(1, 500) :` # n의 값 1부터 499까지 변화
	  `sum += (br**(2*n-2) + br**(3*n)) / (br**(n-1))` # sum에 $\frac{b_{2n-1} + b_{3n+1}}{b_n}$값 누적
	`print(120*sum)` # 120*sum 값 출력

출력	161.99999999999997

출력되는 값이 정답에 근사함을 비교하여 검증

[2024학년도 수능 미적분30번]

문제	실수 전체의 집합에서 미분가능한 함수 $f(x)$의 도함수 $f'(x)$가 $f'(x)=|\sin x|\cos x$이다. 양수 a에 대하여 곡선 $y=f(x)$ 위의 점 $(a, f(a))$에서의 접선의 방정식을 $y=g(x)$라 하자. 함수 $h(x)=\int_0^x \{f(t)-g(t)\}dt$가 $x=a$에서 극대 또는 극소가 되도록 하는 모든 양수 a를 작은 수부터 크기순으로 나열할 때, n번째 수를 a_n이라 하자. $\dfrac{100}{\pi}\times(a_6-a_2)$의 값을 구하시오. [4점]
정답	125

파이썬 검증)

검증법 요약	$h'(a)$의 부호가 바뀌는 a의 값 찾기
코드	```import math # 수학 모듈 읽기
import numpy   # 수학 모듈 읽기
an = [0]   # 수열 an의 값을 담을 리스트 an 정의 (an[0]=0 입력)

n = 96   # x의 값을 각도로 등분할 수 n 정의
for i in range(1, 10*n) :   # i의 값을 1부터 10n-1까지 변화
    angle = math.pi * i / n   # angle에 $\dfrac{\pi i}{n}$ 계산값 입력
    diff = 0.0001   # 변화율 정의
    angle_m = angle - diff   # $x=a-0$을 의미하는 변수 angle_m 정의
    angle_p = angle + diff   # $x=a+0$을 의미하는 변수 angle_p 정의
    sgn = 1   # 함수 f의 부호 변수 sgn 정의
    if i%(2*n)>n :   # i를 2n으로 나눈 나머지가 n보다 크면 (f(x) 함수 부호)
        sgn = -1   # sgn에 -1 입력
    ft_value = sgn * numpy.sin(angle)**2 / 2   # $f(a)$값 계산
    ht_value_minus = (sgn * numpy.sin(angle_m)**2 / 2) - (abs(numpy.sin(angle))
* numpy.cos(angle) * (angle_m - angle) + ft_value)   # $h(a-0)$ 계산
    if i%(n)==0 :   # i의 값이 n의 배수이면
        sgn *= -1   # sgn의 값에 -1 곱하여 입력 (우극한시 부호 바뀜)
    ht_value_plus = (sgn * numpy.sin(angle_p)**2 / 2) - (abs(numpy.sin(angle)) * numpy.cos(angle) * (angle_p - angle) + ft_value)
``` |
```

```
                # h(a+O) 계산
      if (ht_value_minus * ht_value_plus) < 0 :     # h(a-O)×h(a+O)이 음수이면 (극값이면)
          an.append(i / n)    # 리스트 an에 i /n 의 값 추가

print(an)    # 리스트 an 출력
print( 100 * (an[6]-an[2]) )    # 정답 출력
```

출력	[0, 0.25, 0.75, 1.0, 1.25, 1.75, 2.0, 2.25, 2.75, 3.0, 3.25, 3.75, 4.0, 4.25, 4.75, 5.0, 5.25, 5.75, 6.0, 6.25, 6.75, 7.0, 7.25, 7.75, 8.0, 8.25, 8.75, 9.0, 9.25, 9.75] 125.0

출력되는 값을 정답과 비교하여 검증

[2024학년도 수능 기하23번]

문제	좌표공간의 두 점 $A(a, -2, 6)$, $B(9, 2, b)$에 대하여 선분 AB의 중점의 좌표가 $(4, 0, 7)$일 때, $a+b$의 값은? [2점]
	① 1 ② 3 ③ 5 ④ 7 ⑤ 9
정답	7

지오지브라 검증)

검증법 요약	점의 좌표를 작도하여 검증

마우스	보기 > 3차원 기하창	
	3차원 기하창에서 마우스를 클릭한 상태로 움직여 x축, y축 위치를 그림과 같이 조정	
입력	⟨입력창에 넣을 수식⟩	⟨수식의 수학적 의미⟩
	a = 2 * 4 - 9	a에 $2 \times 4 - 9$ 계산값 입력
	b = 2 * 7 - 6	b에 $2 \times 7 - 6$ 계산값 입력
	A(a, -2, 6)	점 $A(a, -2, 6)$ 작도
	B(9, 2, b)	점 $B(9, 2, b)$ 작도
	M = (A + B) / 2	선분 $\overline{AB}$의 중점 M 작도
	ans = a + b	ans에 $a+b$ 계산값 입력
화면	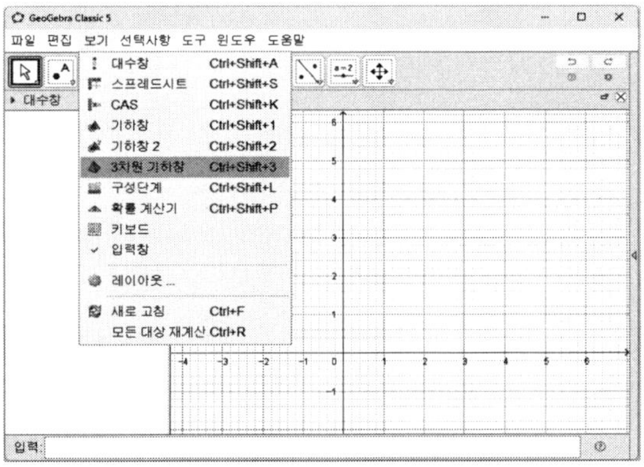	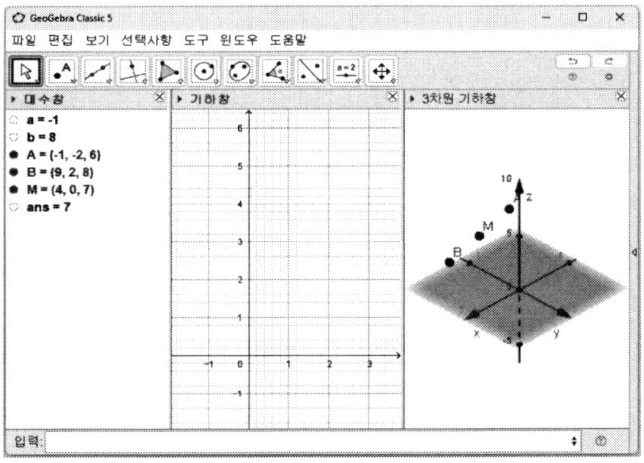

출력되는 ans의 값을 정답과 비교하여 검증

[2024학년도 수능 기하24번]

문제	타원 $\dfrac{x^2}{a^2}+\dfrac{y^2}{6}=1$ 위의 점 $(\sqrt{3},\ -2)$에서의 접선의 기울기는? (단, a는 양수이다.) [3점] ① $\sqrt{3}$ ② $\dfrac{\sqrt{3}}{2}$ ③ $\dfrac{\sqrt{3}}{3}$ ④ $\dfrac{\sqrt{3}}{4}$ ⑤ $\dfrac{\sqrt{3}}{5}$
정답	$\dfrac{\sqrt{3}}{3}$

지오지브라 검증)

검증법 요약	조건을 만족하는 타원을 작도하여 접선의 기울기 계산

	〈입력창에 넣을 수식〉	〈수식의 수학적 의미〉
입력	a = 슬라이더(1, 10, 0.01)	$1 \le a \le 10$인 a 정의
	f: x^2 / a^2 + y^2 / 6 = 1	타원 $\dfrac{x^2}{a^2}+\dfrac{y^2}{6}=1$ 작도
	P(sqrt(3), -2)	점 $P(\sqrt{3},\ -2)$ 작도
	p: 접선(P, f)	점 P에서 타원에 그은 접선 p 작도
마우스	점 P에서 타원으로 그은 접선이 유일하도록 a의 값 조절	
화면		

	⟨입력창에 넣을 수식⟩	⟨수식의 수학적 의미⟩
입력	ans1 = 기울기(p_1)	ans1에 직선 p_1의 기울기 입력
	ans2 = sqrt(3) / 3	ans2에 $\dfrac{\sqrt{3}}{3}$ 계산값 입력
화면		

출력되는 ans1의 값을 ans2의 값과 비교하여 검증

[2024학년도 수능 기하25번]

문제	두 벡터 $\vec{a}, \vec{b}$에 대하여 $|\vec{a}|=\sqrt{11}$, $|\vec{b}|=3$, $|2\vec{a}-\vec{b}|=\sqrt{17}$일 때, $|\vec{a}-\vec{b}|$의 값은? [3점] ① $\dfrac{\sqrt{2}}{2}$ ② $\sqrt{2}$ ③ $\dfrac{3\sqrt{2}}{2}$ ④ $2\sqrt{2}$ ⑤ $\dfrac{5\sqrt{2}}{2}$
정답	$\sqrt{2}$

지오지브라 검증)

검증법 요약	조건을 만족하는 두 벡터를 작도하여 $|\vec{a}-\vec{b}|$ 값 계산

	〈입력창에 넣을 수식〉	〈수식의 수학적 의미〉
입력	eq1: x^2 + y^2 = 11	원 $eq1 : x^2+y^2=11$ 작도
	O(0, 0)	원점 O 작도
	A = 점(eq1)	원 eq1 위의 점 A 작도
	B(3, 0)	점 B(3, 0) 작도
	P = 2A - B	$2\overrightarrow{OA}-\overrightarrow{OB}=\overrightarrow{OP}$인 점 P 작도
	eq2: x^2 + y^2 = 17	원 $eq2 : x^2+y^2=17$ 작도
마우스	점 P가 원 $eq2$ 위의 점이 되도록 점 A의 위치 조절	
화면		

입력	⟨입력창에 넣을 수식⟩	⟨수식의 수학적 의미⟩
	Q = A - B	$\overrightarrow{OA} - \overrightarrow{OB} = \overrightarrow{OQ}$인 점 Q 작도
	ans1 = 선분(O, Q)	ans1에 $|\overrightarrow{OQ}|$ 계산값 입력
	ans2 = sqrt(2)	ans2에 $\sqrt{2}$ 계산값 입력
화면		

출력되는 ans1의 값과 ans2의 값을 비교하여 검증

[2024학년도 수능 기하26번]

문제	좌표공간에 평면 α가 있다. 평면 α 위에 있지 않은 서로 다른 두 점 A, B의 평면 α 위로의 정사영을 각각 A′, B′이라 할 때, $\overline{AB} = \overline{A'B'} = 6$이다. 선분 AB의 중점 M의 평면 α 위로의 정사영을 M′이라 할 때, $\overline{PM'} \perp \overline{A'B'}$, $\overline{PM'} = 6$이 되도록 평면 α 위에 점 P를 잡는다. 삼각형 A′B′P의 평면 ABP 위로의 정사영의 넓이가 $\dfrac{9}{2}$일 때, 선분 PM의 길이는? [3점] ① 12 ② 15 ③ 18 ④ 21 ⑤ 24
정답	24

지오지브라 검증)

검증법 요약	α를 xy평면으로 간주하고, 두 점 A, B를 임의로 설정하여 선분 $\overline{PM}$의 길이 계산

마우스	보기 > 3차원 기하창 3차원 기하창에서 x축 위의 기준점 10이 보이도록 마우스 휠을 아래로 돌려 그림 축소 3차원 기하창에서 마우스를 클릭한 상태로 움직여 x축, y축 위치를 그림과 같이 조정
화면	

입력	⟨입력창에 넣을 수식⟩	⟨수식의 수학적 의미⟩
	A_1 = (0, -3, 0)	점 $A_1(0, -3, 0)$ 작도
	B_1 = (0, 3, 0)	점 $B_1(0, 3, 0)$ 작도
	M_1 = 중점(A_1, B_1)	선분 $\overline{A_1B_1}$의 중점 M_1 작도
	P = (6, 0, 0)	점 $P(6, 0, 0)$ 작도
	S1 = 넓이(A_1, B_1, P)	S1에 삼각형 A_1B_1P의 넓이 계산값 입력

	t = arccos((9/2) / S1)	t에 $\arccos\left(\dfrac{4.5}{S1}\right)$ 계산값 입력
	p: x=z=0	공간좌표에 직선 $x=z=0$ 작도
	β = 회전(xOy평면, -t, f)	xy평면을 y축에 대해 $-t$만큼 회전한 평면 β 작도
	γ = 평행이동(β, P)	β와 평행하고 점 P를 지나는 평면 γ 작도
	p = 수직선(M_1, xOy평면)	점 M_1을 지나고 xy평면에 수직인 직선 p 작도
	M = 교점(γ, p)	평면 γ와 직선 p의 교점 M 작도
	ans = 선분(P, M)	ans에 $\overline{PM}$ 계산값 입력
화면		

출력되는 ans의 값을 정답과 비교하여 검증

[2024학년도 수능 기하27번]

문제	초점이 F인 포물선 $y^2 = 8x$ 위의 한 점 A에서 포물선의 준선에 내린 수선의 발을 B라 하고, 직선 BF와 포물선이 만나는 두 점을 각각 C, D라 하자. $\overline{BC} = \overline{CD}$일 때, 삼각형 ABD의 넓이는? (단, $\overline{CF} < \overline{DF}$이고, 점 A는 원점이 아니다.) [3점] ① $100\sqrt{2}$ ② $104\sqrt{2}$ ③ $108\sqrt{2}$ ④ $112\sqrt{2}$ ⑤ $116\sqrt{2}$
정답	$108\sqrt{2}$

지오지브라 검증)

검증법 요약	주어진 조건의 도형을 작도하여 삼각형의 넓이 계산

	〈입력창에 넣을 수식〉	〈수식의 수학적 의미〉
입력	eq1: y^2 = 8x	포물선 $eq1 : y^2 = 8x$ 작도
	F(2, 0)	포물선의 초점 F 작도
	eq2: x = -2	포물선의 준선 $eq2$ 작도
	t = 슬라이더(0.1, 30, 0.1)	$0.1 \leq t \leq 30$인 t 정의
	A = (t, sqrt(8t))	포물선 $eq1$ 위의 점 A 작도
	eq3: y = sqrt(8t)	직선 $eq3 : y = \sqrt{8t}$ 작도
	B = 교점(eq2, eq3)	점 A에서 준선으로 내린 수선의 발 B 작도
	eq4 = 직선(B, F)	직선 $\overline{BF}$인 $eq4$ 작도
	C = 교점(eq1, eq4)	포물선 $eq1$과 직선 $eq4$의 교점 C 작도
	bc = 선분(B, C_1)	bc에 $\overline{BC_1}$ 계산값 입력
	dc = 선분(C_2, C_1)	dc에 $\overline{C_2C_1}$ 계산값 입력
	ans1 = 넓이(A, B, C_2)	ans1에 삼각형 ABC_2의 넓이 계산값 입력
	ans2 = 108 sqrt(2)	ans2에 $108\sqrt{2}$ 계산값 입력
마우스	bc = dc가 되도록 t의 값 조절	

| 화면 | 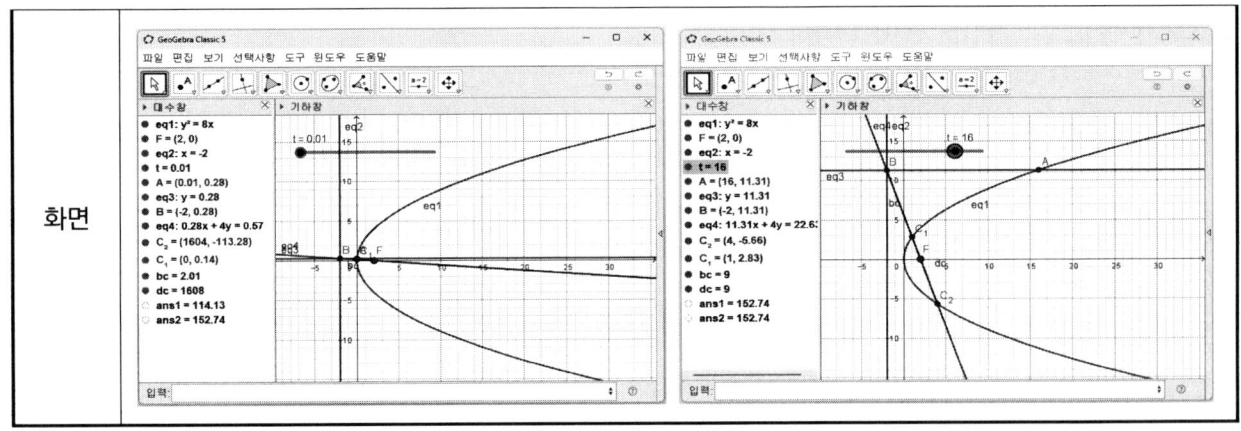 |

출력되는 ans1의 값을 ans2의 값과 비교하여 검증

[2024학년도 수능 기하28번]

문제	그림과 같이 서로 다른 두 평면 α, β의 교선 위에 $\overline{AB}=18$인 두 점 A, B가 있다. 선분 AB를 지름으로 하는 원 C_1이 평면 α 위에 있고, 선분 AB를 장축으로 하고 두 점 F, F'을 초점으로 하는 타원 C_2가 평면 β 위에 있다. 원 C_1 위의 한 점 P에서 평면 β에 내린 수선의 발을 H라 할 때, $\overline{HF'} < \overline{HF}$이고 $\angle HFF' = \frac{\pi}{6}$이다. 직선 HF와 타원 C_2가 만나는 점 중 점 H와 가까운 점을 Q라 하면, $\overline{FH} < \overline{FQ}$이다. 점 H를 중심으로 하고 점 Q를 지나는 평면 β 위의 원은 반지름의 길이가 4이고 직선 AB에 접한다. 두 평면 α, β가 이루는 각의 크기를 θ라 할 때, $\cos\theta$의 값은? (단, 점 P는 평면 β위에 있지 않다.) [4점]
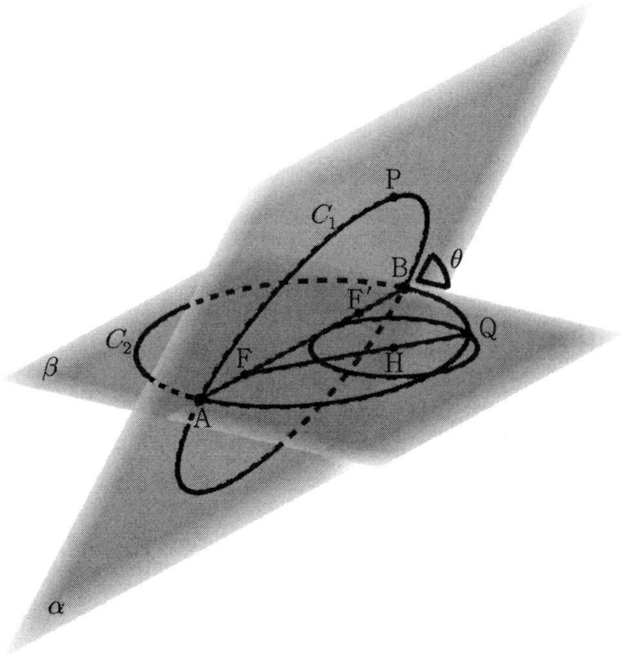	① $\dfrac{2\sqrt{66}}{33}$ ② $\dfrac{4\sqrt{69}}{69}$ ③ $\dfrac{\sqrt{2}}{3}$ ④ $\dfrac{4\sqrt{3}}{15}$ ⑤ $\dfrac{2\sqrt{78}}{39}$
정답	$\dfrac{2\sqrt{78}}{39}$

지오지브라 검증)

검증법 요약	β를 xy평면으로, 타원의 장축이 x축 위에 있도록 간주하여 $\cos\theta$의 값 계산

입력	⟨입력창에 넣을 수식⟩	⟨수식의 수학적 의미⟩
	A = (9, 0, 0)	점 A(9, 0, 0) 작도

	B = (-9, 0, 0)	점 B(−9, 0, 0) 작도
	c = 슬라이더(0.01, 8.99, 0.01)	$0.01 \leq c \leq 8.99$인 c 정의
	F = (c, 0)	타원의 초점 F 작도
	F_1 = (-c, 0)	타원의 초점 F_1 작도
	eq1: 타원(F, F_1, A, xOy평면)	두 점 F, F_1를 초점으로 하고 점 A를 지나는 타원 $eq1$ 작도
	eq2: y = 4	직선 $eq2 : y = 4$ 작도
	H = 점(eq2)	직선 $eq2$ 위의 점 H 작도
	eq3: 직선(H, F)	직선 $\overline{HF}$인 $eq3$ 작도
	D = 회전(H, pi/6, F)	∠HFD = 30° 가 되도록 점 D 작도
	Q = 교점(eq1, eq3)	타원 $eq1$과 직선 $eq3$의 교점 작도
	C3 = 원(H, Q_2)	점 H를 중심으로 점 Q_2를 지나는 원 C3 작도
마우스	점 D의 y좌표가 0이 되고, 원 C3이 x축에 접하도록 점 H의 위치 조절	
화면	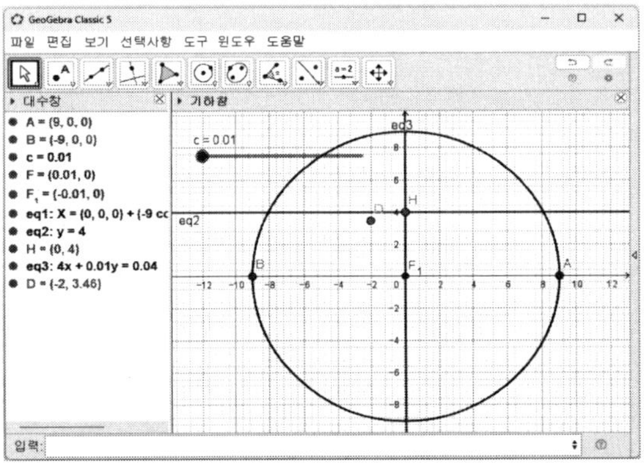	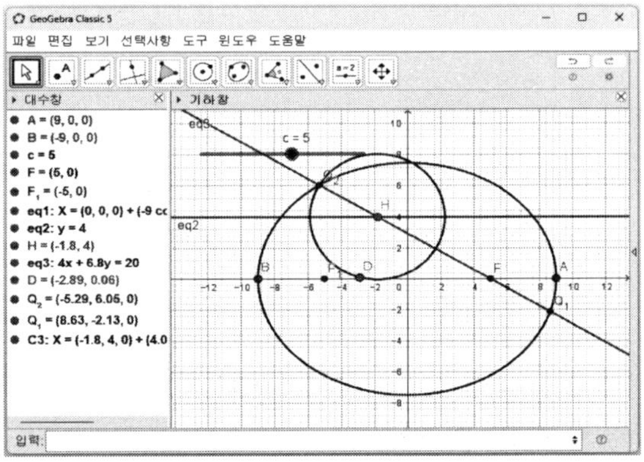
마우스	보기 〉 3차원 기하창	
	3차원 기하창에서 z축 위의 기준점 15가 보이도록 마우스 휠을 아래로 돌려 그림 축소	
	3차원 기하창에서 마우스를 클릭한 상태로 움직여 x축, y축 위치를 그림과 같이 조정	

화면	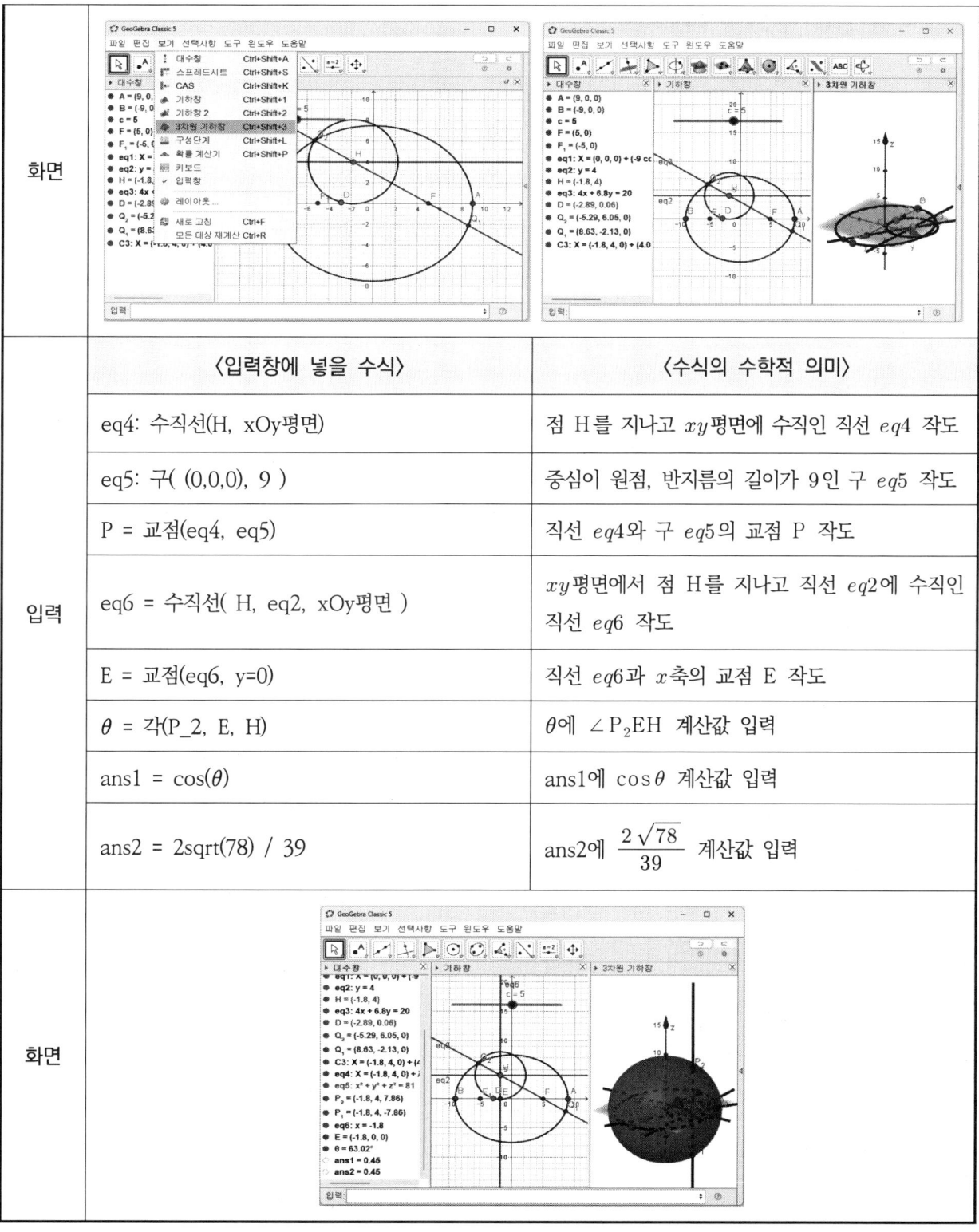	
	⟨입력창에 넣을 수식⟩	⟨수식의 수학적 의미⟩
입력	eq4: 수직선(H, xOy평면)	점 H를 지나고 xy평면에 수직인 직선 $eq4$ 작도
	eq5: 구((0,0,0), 9)	중심이 원점, 반지름의 길이가 9인 구 $eq5$ 작도
	P = 교점(eq4, eq5)	직선 $eq4$와 구 $eq5$의 교점 P 작도
	eq6 = 수직선(H, eq2, xOy평면)	xy평면에서 점 H를 지나고 직선 $eq2$에 수직인 직선 $eq6$ 작도
	E = 교점(eq6, y=0)	직선 $eq6$과 x축의 교점 E 작도
	θ = 각(P_2, E, H)	θ에 $\angle P_2 EH$ 계산값 입력
	ans1 = cos(θ)	ans1에 $\cos\theta$ 계산값 입력
	ans2 = 2sqrt(78) / 39	ans2에 $\dfrac{2\sqrt{78}}{39}$ 계산값 입력
화면		

출력되는 ans1의 값을 ans2의 값과 비교하여 검증

[2024학년도 수능 기하29번]

문제	양수 c에 대하여 두 점 $F(c, 0)$, $F'(-c, 0)$을 초점으로 하고, 주축의 길이가 6인 쌍곡선이 있다. 이 쌍곡선 위에 다음 조건을 만족시키는 서로 다른 두 점 P, Q가 존재하도록 하는 모든 c의 값의 합을 구하시오. [4점] (가) 점 P는 제1사분면 위에 있고, 점 Q는 직선 PF' 위에 있다. (나) 삼각형 PF'F는 이등변삼각형이다. (다) 삼각형 PQF의 둘레의 길이는 28이다.
정답	11

지오지브라 검증)

검증법 요약	$\overline{PF} = \overline{FF'}$일 때의 그래프와 $\overline{PF} = \overline{PF'}$의 그래프를 그려 c의 값 계산

	⟨입력창에 넣을 수식⟩	⟨수식의 수학적 의미⟩
입력	c = 슬라이더(3.01, 20, 0.01)	$3.01 \leq c \leq 20$인 c 정의
	F = (c, 0)	점 F = $(c, 0)$ 작도
	F_1 = (-c, 0)	점 F'의 역할을 할 점 $F_1 = (-c, 0)$ 작도
	A = (3, 0)	쌍곡선이 지나는 점 A $(3, 0)$ 작도
	eq1: 쌍곡선(F, F_1, A)	두 점 F, F'을 초점으로 하고 점 A를 지나는 쌍곡선 $eq1$ 작도
	eq2: 원(F, F_1)	중심이 F, 지나는 한 점이 F'인 원 $eq2$ 작도
	P = 교점(eq1, eq2)	쌍곡선 $eq1$과 원 $eq2$의 교점 P 작도
	eq3: 직선(P_2, F_1)	제 1사분면의 점 P_2와 점 F_1을 지나는 직선 $eq3$ 작도
	Q = 교점(eq1, eq3)	쌍곡선 $eq1$과 직선 $eq3$의 교점 Q 작도
	l1 = 선분(P_2, Q_2)	l1에 $\overline{P_2 Q_2}$ 계산값 입력
	l2 = 선분(Q_2, F)	l2에 $\overline{Q_2 F}$ 계산값 입력
	l3 = 선분(F, P_2)	l3에 $\overline{FP_2}$ 계산값 입력

	len1 = l1 + l2 + l3	len1에 $l1+l2+l3$ 계산값 입력
마우스	len1의 값이 28이 되도록 c의 값 조절하여 $c=3$일 때 성립함을 확인	
화면	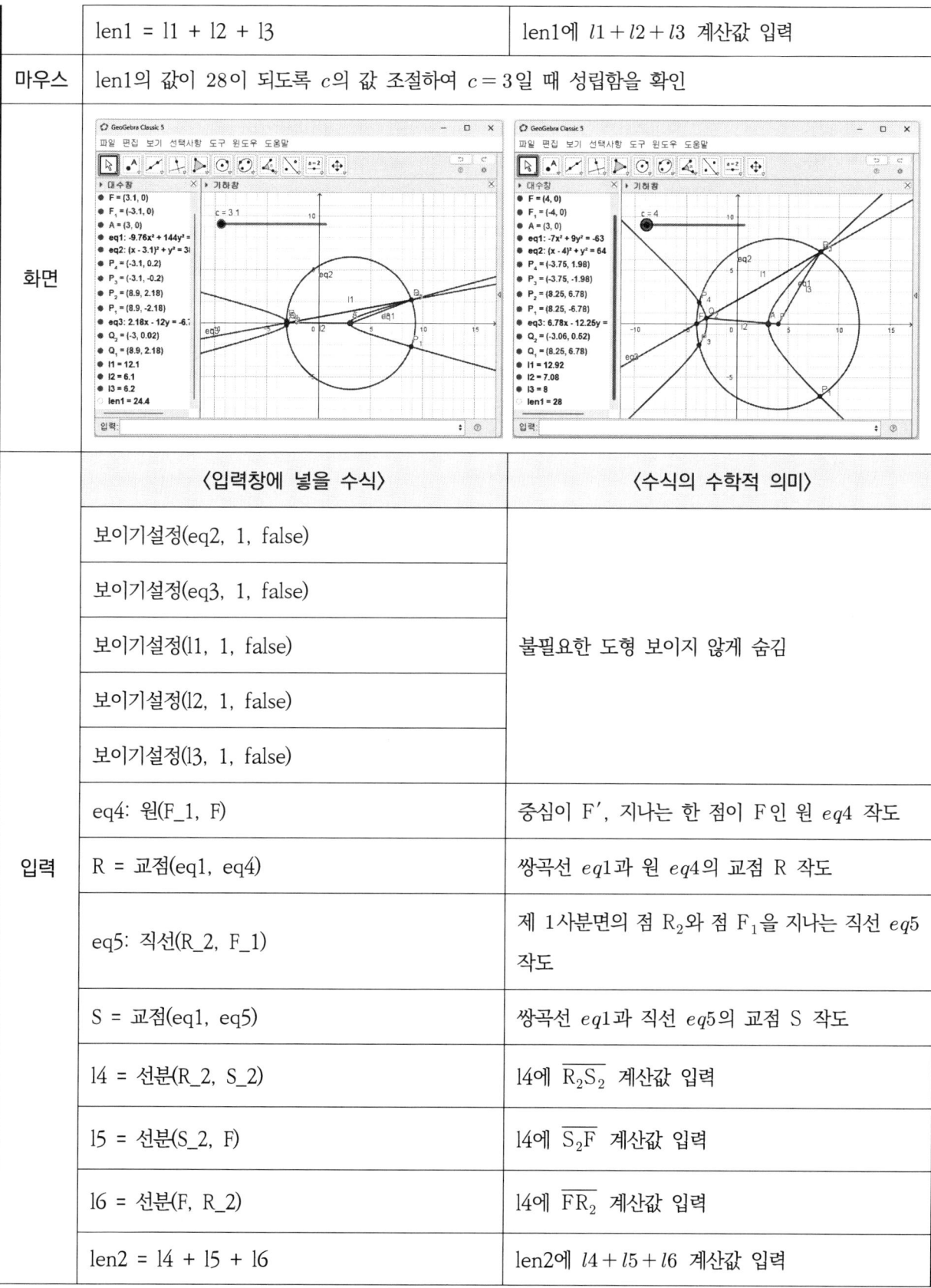	
	〈입력창에 넣을 수식〉	〈수식의 수학적 의미〉
입력	보이기설정(eq2, 1, false)	불필요한 도형 보이지 않게 숨김
	보이기설정(eq3, 1, false)	
	보이기설정(l1, 1, false)	
	보이기설정(l2, 1, false)	
	보이기설정(l3, 1, false)	
	eq4: 원(F_1, F)	중심이 F', 지나는 한 점이 F인 원 $eq4$ 작도
	R = 교점(eq1, eq4)	쌍곡선 $eq1$과 원 $eq4$의 교점 R 작도
	eq5: 직선(R_2, F_1)	제 1사분면의 점 R_2와 점 F_1을 지나는 직선 $eq5$ 작도
	S = 교점(eq1, eq5)	쌍곡선 $eq1$과 직선 $eq5$의 교점 S 작도
	l4 = 선분(R_2, S_2)	l4에 $\overline{R_2 S_2}$ 계산값 입력
	l5 = 선분(S_2, F)	l4에 $\overline{S_2 F}$ 계산값 입력
	l6 = 선분(F, R_2)	l4에 $\overline{FR_2}$ 계산값 입력
	len2 = l4 + l5 + l6	len2에 $l4+l5+l6$ 계산값 입력

마우스	len2의 값이 28이 되도록 c의 값 조절하여 $c=7$일 때 성립함을 확인
화면	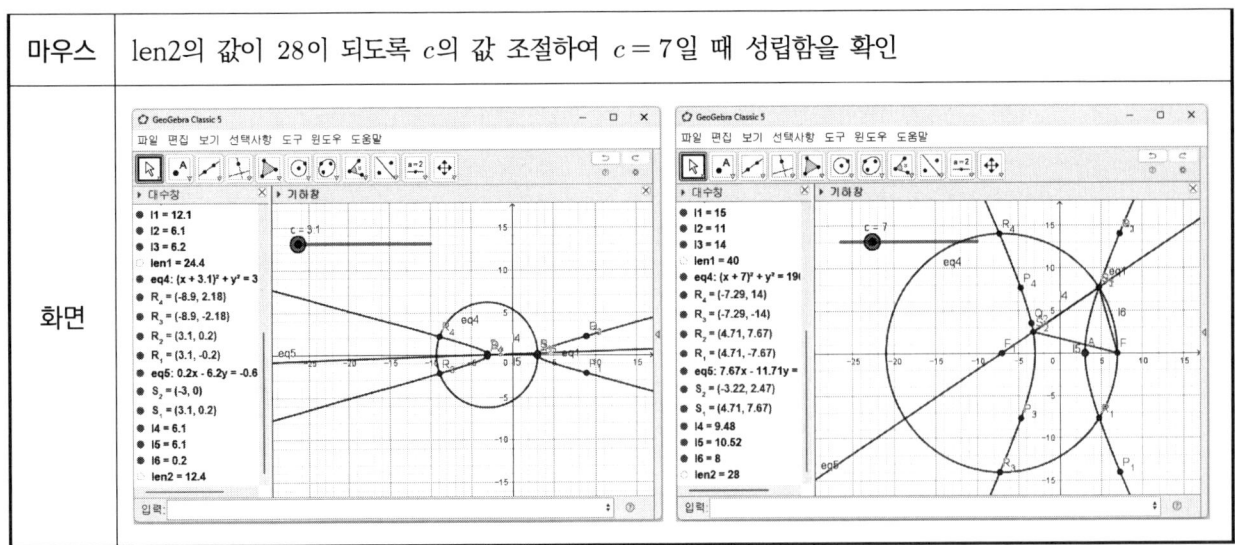

c의 값의 합을 정답과 비교하여 검증

[2024학년도 수능 기하30번]

문제	좌표평면에 한 변의 길이가 4인 정삼각형 ABC가 있다. 선분 AB를 1 : 3으로 내분하는 점을 D, 선분 BC를 1 : 3으로 내분하는 점을 E, 선분 CA를 1 : 3으로 내분하는 점을 F라 하자. 네 점 P, Q, R, X가 다음 조건을 만족시킨다. (가) $\|\overrightarrow{DP}\| = \|\overrightarrow{EQ}\| = \|\overrightarrow{FR}\| = 1$ (나) $\overrightarrow{AX} = \overrightarrow{PB} + \overrightarrow{QC} + \overrightarrow{RA}$ $\|\overrightarrow{AX}\|$의 값이 최대일 때, 삼각형 PQR의 넓이를 S라 하자. $16S^2$의 값을 구하시오. [4점]
정답	147

지오지브라 검증)

검증법 요약	주어진 조건의 도형을 작도하여 넓이 계산

	〈입력창에 넣을 수식〉	〈수식의 수학적 의미〉
입력	A(0, 0)	점 A(0, 0) 작도
	B(4, 0)	점 B(4, 0) 작도
	C(2, 2sqrt(3))	점 C(2, 2$\sqrt{3}$) 작도
	D = (3A + B) / 4	선분 $\overline{AB}$의 1 : 3 내분점 D 작도
	E = (3B + C) / 4	선분 $\overline{BC}$의 1 : 3 내분점 E 작도
	F = (A + 3C) / 4	선분 $\overline{CA}$의 1 : 3 내분점 F 작도
	eq1: 원(D, 1)	중심이 D, 반지름의 길이 1인 원 $eq1$ 작도
	eq2: 원(E, 1)	중심이 E, 반지름의 길이 1인 원 $eq2$ 작도
	eq3: 원(F, 1)	중심이 F, 반지름의 길이 1인 원 $eq3$ 작도
	P = 점(eq1)	원 $eq1$ 위의 점 P 작도
	Q = E + (P - D)	$\overrightarrow{OX} = \overrightarrow{OB} + \overrightarrow{OC} - \overrightarrow{OP} - \overrightarrow{OQ} - \overrightarrow{OR}$에서 $\|\overrightarrow{AX}\|$가 최대이므로 $\overrightarrow{DP} // \overrightarrow{EQ} // \overrightarrow{FR}$인 세 점 Q, R, X 작도
	R = F + (P - D)	
	X = B + C - P - Q - R	

	l = 선분(A, X)	l에 $\overline{AX}$ 계산값 입력
	tri = 다각형(P, Q, R)	tri에 삼각형 PQR의 넓이 계산값 입력
	ans = 16 * tri^2	ans에 $16 \times (tri)^2$ 계산값 입력
마우스	점 P의 위치를 조절하여도 l과 tri의 값이 변하지 않음을 확인	
화면	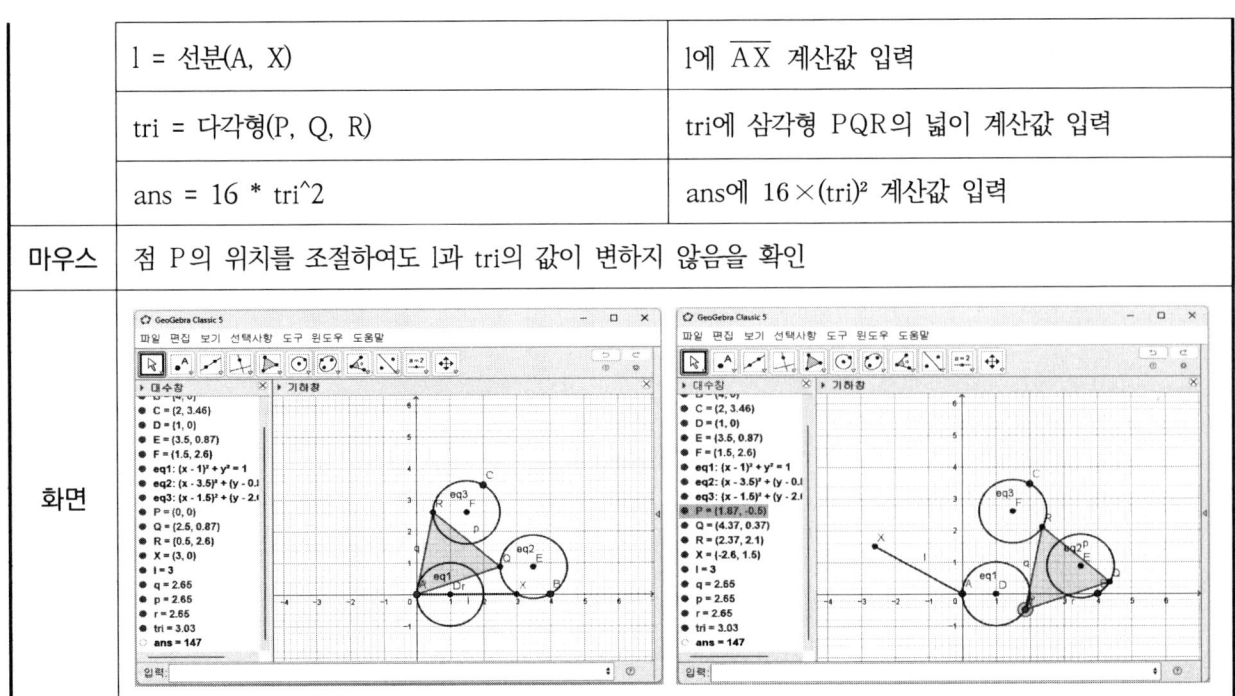	

출력되는 ans의 값을 정답과 비교하여 검증